Felix Berresheim

Ein Funken Freiheit

Der Fluch von La Salope

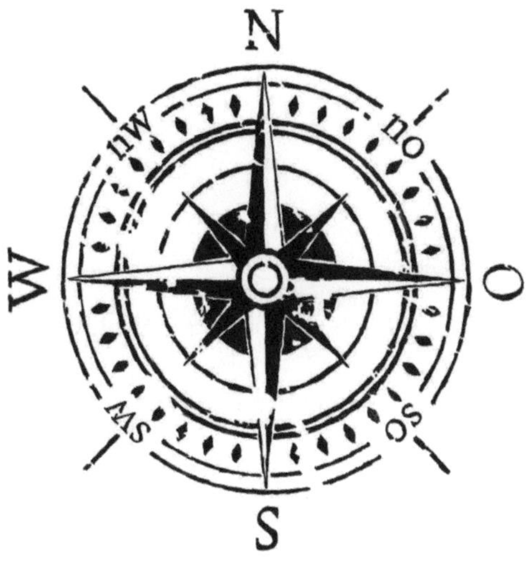

Bibliografische Information der Deutschen Nationalbibliothek:
Die Deutsche Nationalbibliothek verzeichnet diese Publikation in der Deutschen Nationalbibliografie; detaillierte bibliografische Daten sind im Internet über http://dnb.dnb.de abrufbar.

Lektorat: Sieglinde Hollmer, Der letzte Schliff
weitere Mitwirkende:
Luise Berresheim, Johanna Berresheim, Glenn Zimmer, Ljuba Volobuyeva

Aquarell Designed by starline / Freepik

Verlag: BoD · Books on Demand GmbH, In de Tarpen 42, 22848 Norderstedt
Druck: Libri Plureos GmbH, Friedensallee 273, 22763 Hamburg

ISBN: 978-3-7693-0478-7

KAPITEL 0

- 7 -

WER IST EIGENTLICH FELIX?

Verwuschelte Haare, ein strahlendes Lächeln und manchmal wie ein Espresso pur.

Das ist Felix.

Er nimmt jeden Raum ein und kann für unglaubliche Stimmung sorgen.

Felix ist ein kreativer Kopf. Er hat viele Ideen und Projekte, die er in die Tat umsetzt. Auch wenn es manchmal chaotisch zugeht und Felix unkonventionelle Wege geht, hat er doch ein Ziel vor Augen.

Das Beste ist, er macht immer das, worauf er Bock hat. Kein Platz für Angst und Zweifel. Hat er sich was in den Kopf gesetzt, so wird das Ding auch durchgezogen.

Auch wenn es darum geht, mit 19, grad nach seiner Ausbildung, mit so gut wie nichts im Gepäck,
einfach um die Welt zu reisen!

L u i s e
(Meine Schwester)

Gibraltar
La Línea de la Concepción

Karibik

Altrich
Gibraltar

KAPITEL 1

DAS ABENTEUER BEGINNT

Als ich mit Jonny und Thommes über die Grenze von Gibraltar fuhr …

Jonny und sein Bruder, waschechte Gibraltarer, gabelten mich circa eineinhalb Stunden vor Gibraltar mit ihrem vollgepackten Auto am Straßenrand auf. Als sie anhielten, hieß es erstmal fünfzehn Minuten Auto umräumen. Nun saß ich da, auf der Rückbank zwischen Gepäck, Surfboards und diverser Angelausrüstung.

In seinen Zwanzigern war Jonny ein begeisterter Tramper gewesen und hatte dadurch viele Länder der Welt bereist. Wir sprachen über das Hitchhiken und davon, wie faszinierend diese Art des Reisens ist. Es scheint, dass nur diejenigen, die es selbst ausprobiert haben, die Magie des Trampens wirklich verstehen können. Trampen ist etwas ganz Besonderes. Man trifft so viele verschiedene Menschen, denen man sonst nie begegnet wäre. Vom Bauern, der sein Auto mit zwei Drähten anließ, bis zum Businessman in einem luxuriösen Sportwagen, war selbst auf meiner Reise von Deutschland bis nach Gibraltar wirklich alles dabei.

Nach einer längeren Fahrt hieß es schließlich, dass wir unsere Personalausweise bereithalten sollten, als wir gemeinsam die britisch-spanische Grenze zur Halbinsel Gibraltar passierten. Direkt fiel mir der imposante Felsen von Gibraltar ins Auge. Schließlich fuhren wir über die typische Landebahn des Flughafens und erreichten die Stadt. Während der Fahrt zeigten mir meine Begleiter verschiedene Sehenswürdigkeiten, darunter auch die Marina Bay, wo bereits unzählige Tramper den Weg über den Atlantik in die Neue Welt gefunden haben. Auch ich gehöre dieses Jahr zu den abenteuerlustigen Reisenden, die auf der Suche nach einer Möglichkeit zum Schiffstrampen sind.

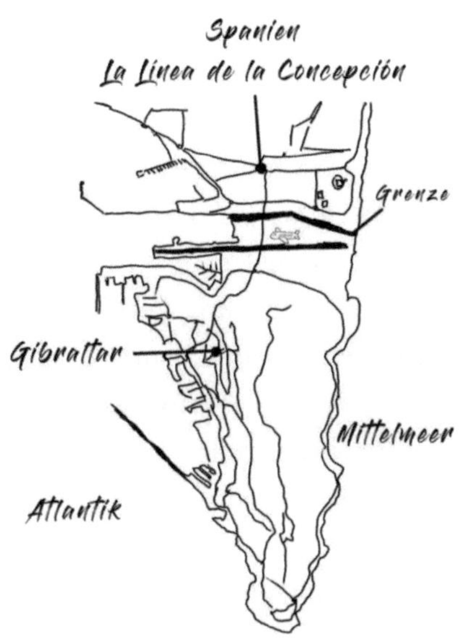

Schließlich setzten mich die beiden Jungs irgendwo in der Stadt ab. Da es bereits der 31. Dezember war, tauschten wir schnell unsere Nummern aus und verabredeten uns für den Abend, um gemeinsam Silvester zu feiern. Mit meinem schweren Rucksack machte ich mich auf den Weg durch Gibraltar und erkundete zuerst die Marina mit ihren beeindruckenden und faszinierenden Schiffen. Da es jedoch immer später wurde, beschloss ich, einen Schlafplatz zu suchen. Diesen wollte ich in der Nähe von La Línea de la Concepción finden, der Stadt oberhalb der Grenze. Dort befand sich ein weiterer großer Hafen, in dem deutlich mehr Boote lagen.

Also packte ich meinen Rucksack und machte mich auf den Weg in Richtung der Landebahn. Dabei fiel mir ein Mädchen auf, das mich intensiv musterte und lächelnd auf mich zukam. Es muss seltsam ausgesehen haben, mich in voller Backpacker-Montur zwischen Anzugträgern, Arbeitern und Touristen zu sehen.
Sie fragte mich: »Wer bist du?«, also erzählte ich ihr meine Geschichte und warum ich mit meinem riesigen Rucksack unterwegs war.

Ihr Name war Varia. Sie war etwas klein und hatte kurze blonde Locken, sowie eine niedliche Stupsnase. Trotz ihres leicht verdreckten Gesichts strahlte sie eine besondere Energie aus und sie hatte ein wunderbares Lächeln. Sie trug zu große, sehr abgetragene Klamotten. Aber was wohl am meisten auffiel, war, dass sie barfuß unterwegs war. Sie liebe es, so ohne Schuhe, und sie besitze auch nur ein sehr durchgelaufenes Paar, fügte sie hinzu. Auch sie wolle mit einem Schiff über den Atlantik.

Verrückt dachte ich mir, gerade mal zwei Stunden hier, und schon treffe ich Gleichgesinnte. Seit fast über vier Wochen sei sie jetzt schon hier, erzählte sie mir, und habe schon unzählige Schiffe ablegen und in die Marinas einfahren sehen. Sie traf viele andere Bootstramper, schloss Freundschaften und daher kannte sie auch schon viele Einheimische.

»Weißt du schon, wo du heute Nacht schläfst?«, fragte sie.

Ich antwortete: »Leider nein, ich wollte mich in La Línea mal umschauen.«

Varia beschrieb, wie sie hier die ersten Wochen gelebt, andere Leute getroffen und sich vernetzt hatte. Als sie und ein paar andere Hitchhiker schon ein wenig frustriert mit einem Pappschild in der Marina in einer Ecke saßen, kam es mal wieder anders als erwartet. Eine ältere Dame aus Gibraltar steuerte an diesem Tag auf die Gruppe zu und sprach sie an:

»Leider habe ich kein Boot und segle über den Atlantik, aber ich habe in La Línea eine alte Wohnung, diese müsste etwas renoviert und gestrichen werden. Wenn ihr jeden Tag etwas in der Wohnung renoviert, könnt ihr dort so lange wohnen, bis ihr ein Schiff gefunden habt.«

Dankend nahmen sie alle das Angebot an.

Varia und viele andere hatten längere Zeit am Strand oder sogar auf dem Felsen von Gibraltar übernachtet. Aber jetzt hatten sie eine Wohnung. Als sie mir davon erzählte, lud sie mich sofort ein, und somit führte mich Varia hinüber nach La Línea in die sogenannte „Painting Flat". Hier lebten noch zwei andere deutsche Tramper: Ricco und Ihme – wie klein die Welt doch war!

Die Wohnung lag im vierten Obergeschoss mit vier Zimmern, einem Wohnzimmer, Küche und Balkon. Ein wirklicher Jackpot für einen Hitchhiker, der die letzten vier Wochen fast nur draußen geschlafen hatte.

Wir plauderten angeregt und tauschten unsere Erfahrungen über das Trampen aus. Wir erzählten uns von den interessanten Menschen, die wir auf unseren Reisen getroffen hatten, und von den völlig verrückten Geschichten, die einem unterwegs immer wieder widerfahren. Wir kochten gemeinsam und genossen unser Essen.

Doch bald musste ich mich wieder auf den Weg machen, um den Abend wie verabredet mit Jonny und Thommes zu verbringen. Es war super verrückt, an einem Silvesterabend endlich mal das zu tun, was einem gefällt. In den letzten Jahren hatte ich immer gearbeitet und Silvester mit meinen Kollegen in der Küche eines Restaurants verbracht.

Ein angestrahlter Timer lief runter. Zehn, neun, … Ich war ganz aufgeregt, als der Timer schließlich die Null zeigte. Das neue Jahr begann – 2019, das Jahr, in dem ich über den Atlantik segeln würde. Ein gutes Gefühl und ein Hauch von Neugierde durchdrangen meinen Körper – wie würde ich das hinbekommen? Jetzt war ich zwar hier, aber jetzt ging es erst richtig los.

Nach einem schönen Abend setzte ich mich noch ein wenig auf den Balkon, dort hatte man einen wunderbaren Blick auf die Marina von La Línea. Das Wasser, die Lichter, der Mond, die Palmen, alles spielte zusammen und ließ mir ein warmes Gefühl von Vorfreude, Glück und enormer Aufregung zuteilwerden. Ich spürte förmlich, ich kann das schaffen, mit einem Boot über den Atlantik.

Viele Gedanken schwirrten in meinem Kopf, die ich zu sortieren versuchte. Ich blickte auf das endlose, ruhige Wasser, und als ich die ersten Sonnenstrahlen des neuen Jahres in meinem Gesicht spürte, wusste ich, es war an der Zeit für das größte Abenteuer meines Lebens.

KAPITEL 2

DIE PAINTING FLAT

Es hatte wieder mal funktioniert. Jetzt war ich hier untergekommen und am späten Mittag aufgewacht. Es ist erstaunlich, wie sich beim Reisen immer wieder überraschende und unvorhergesehene Ereignisse ergeben, die man sich niemals hätte vorstellen können.

Jetzt lebten wir zu viert in dieser etwas heruntergekommenen, aber für uns einfach perfekten Wohnung.

»Das war nicht immer so«, erzählte mir Ihme, der mittlerweile auch schon seit vier Wochen auf Bootssuche war. Er reichte mir ein Bild rüber, darauf waren acht Menschen zu erkennen. Es zeigte Heiligabend, an dem sie gemeinsam im Wohnzimmer gefeiert hatten. Aus allen möglichen Ländern, so unterschiedlich, dennoch fast alle mit demselben Ziel. Die Atlantiküberquerung! Segeln, Abenteuer erleben, reisen und einfach mal leben!

Ihme war 19 Jahre alt und kam aus Münster. Er war klein, ca. 1,70 m groß, nicht besonders muskulös, hatte blonde lockige Haare, und durch seine etwas größere Stirn sah es immer so aus, als hätte er schon eine kleine Glatze.

Er hatte einfach seinen Rucksack gepackt und war losgezogen. Zum Nordkap, die Nordlichter sehen, war sein Traum. Durch Polen, Litauen, Lettland, Estland und Finnland, schließlich nach Norwegen zum Nordkap, hatte er sich diesen kleinen Traum erfüllt und gedacht, das hatte doch ganz gut funktioniert. Als er vom Bootstrampen hörte, machte er sich sofort auf den weiten Weg runter nach Gibraltar. Durch Norwegen, die Niederlande, Frankreich und schließlich Spanien bis zu seinem vorerst nächsten Ziel. Da hat er mich mit meinen fast 3000 Kilometern, die ich auf dem Buckel hatte, ganz schön in den Schatten gestellt.

Ich lauschte gespannt den Geschichten, die meine neuen Freunde zu erzählen hatten. Besonders beeindruckt war ich von Varia, die schon seit einem Jahr ohne viel Geld durch fast ganz Europa reiste. Sie hatte die meisten Kilometer zurückgelegt und schlief meist draußen oder fand nette Menschen, die ihr eine Unterkunft anboten. Ihr Leben war intensiv, aber auch herausfordernd. Um Essen zu bekommen, fragte sie oft abends bei Restaurants nach übriggebliebenen Speisen und konnte so oft erfolgreich etwas ergattern, was sonst weggeworfen worden wäre.

Wie gut die Gesellschaft auch war, gingen alle irgendwelchen Dingen nach. „Networken" wie es Varia immer so schön sagte. Alle hatten was zu tun. Ich wollte auch raus, mit Seglern sprechen und die berühmten Storys von Bianca und Susi hören. Jeder kannte die beiden in Gibraltar.

Bianca besaß einen Kiosk und direkt daneben Susi eine Art Kneipe und Bistro. Viele Segler kamen vorbei, trafen sich hier auf ein oder zwei Bierchen, heuerten an oder tauschten sich aus. Hier gab es ein schwarzes Brett, wo Skipper und Segler ihre Lebensläufe aufhängen konnten. Vom frischgebackenen Abiturienten, der einfach mal die Welt sehen wollte, bis hin zu einer 50-Jährigen, die ihren Nine-to-five-Job an den Nagel gehängt hatte und jetzt ein Abenteuer suchte, war dort wirklich alles dabei.

Ich entschloss mich, erstmal richtig in Gibraltar und meiner neuen Unterkunft anzukommen, und so machte ich mich auf, ein wenig den kleinen Staat Gibraltar zu erkunden und zu entdecken. Zu Fuß marschierte ich los, ab über die Grenze, über die Flugzeuglandebahn, durch die Stadt hindurch und am Meer entlang. Einfach mal los – mal schauen, was mich hier so erwartete.

Es gibt mehrere kleinere Häfen in Gibraltar. Alle schaute ich mir an, in der Hoffnung, einen Segler zu treffen und ein Schiff zu finden. Das Leben in diesen kleinen Häfen war damals noch sehr tot und leer. Ich sah niemanden auf den Schiffen und ich ließ mir erklären, dass diese Boote meist den Anwohnern gehörten und diese wegen der bevorstehenden Wintersaison nicht mehr allzu viel Zeit auf ihren Booten verbrachten.

So zog es mich immer weiter um die Halbinsel herum, bis ich schließlich am südlichsten Punkt ankam. Eine atemberaubende Sicht aufs Meer und die Straße von Gibraltar erwartete mich. Die Sonne strahlte mir ins Gesicht und ich bekam ein Sommer-Feeling – und das am Jahresanfang, mit circa 15 Grad. Unfassbar!

Ich blickte auf das Wasser und entdeckte viele Segelschiffe, die von der Kraft des Windes hinausgetrieben wurden. In der Ferne konnte man Afrika erkennen. Schon verrückt, dass dieses kleine Stück Wasser zwei Kontinente, diverse Kulturen und Lebensweisen und Wohlstand von Armut trennte.

Mich zog es weiter um die Halbinsel herum. Als ich an einen Tunnel geriet, der direkt durch den Felsen von Gibraltar führte, aber für Fußgänger verboten war, trampte ich das letzte Stück zurück in die Stadt.

»Genug für heute«, dachte ich mir, schaute noch kurz im Hafen La Líneas nach einem geeigneten Schiff und unterhielt mich mit einer netten Frau, die leider aber ins Mittelmeer weitersegelte.

Wieder zurück in der Painting Flat angekommen, stieg mir schon ein sehr leckerer Duft in die Nase. Es war Ricco, der wieder mal komplett selbstlos für alle kochte.

Ricco war der einzige von uns vieren, der nicht den Atlantik überqueren wollte. Er war förmlich vor der Kälte in Deutschland geflohen. Groß, etwas muskulöser gebaut, circa Ende dreißig, braunes kurzes Haar. Ein faszinierender Typ. Auch er reiste schon eine Weile durch Spanien und Portugal, sprach aber weder Spanisch noch gutes Englisch, was ihn eher zu einem Einzelgänger beim Reisen machte; er war aber dennoch gut rumgekommen. In Malaga habe alles angefangen, berichtete er, dann einmal gegen den Uhrzeigersinn durch Spanien und Portugal.

Ich verstand mich sehr gut mit Ricco. Einfach mal abschalten, bisschen Blödsinn reden, träumen, alles war möglich. So erzählte ich ihm auch von meinem ersten „Rückschlag" der Reise.

Ich war bei Montpellier in Frankreich, als mich ein netter junger Mann etwa Mitte dreißig mitnahm. Er besaß einen richtig geilen alten Mercedes-Bus, ja fast schon einen Truck, den er zu einer Art Wohnmobil komplett selbst umgebaut hatte. Als wir so über die Landstraßen fuhren, hörten wir Jazzmusik, die einfach perfekt zu der Situation passte.

Für meine Reise hatte ich mir extra ein richtig gutes und vor allem leichtes Zelt gekauft. Ich wusste, ich werde öfters mal draußen schlafen, und wenn es regnet, macht es doch mehr Spaß, mit wenigstens einer Zeltplane über dem Kopf. Diese benutzte ich auch am vorigen Tag und legte sie zum Trocknen in seinem Bus aus. Irgendwann, nach gut 150 km mit meinem Fahrer, hieß es Abschied nehmen. Ich stieg aus, und gerade sah ich ihn noch wegfahren, da dachte ich mir: »Scheiße, mein Zelt liegt noch hinten im Auto!« Verzweifelt lief ich noch hinterher, aber weg war er. Leider hatten wir keine Nummern, Instagram oder E-Mail ausgetauscht, womit ich ihn erreichen hätte können.

Das erste Tief! Traurig und ärgerlich über mich selbst stand ich da, an einer Autobahnauffahrt an der Grenze zu Spanien, und wusste zum ersten Mal nicht genau, was ich jetzt machen sollte. Ich entschied mich zu warten, vielleicht fiele es ihm ja auf und er käme zurück. Stunden um Stunden vergingen, und immer mehr ärgerte ich mich über mich selbst. So langsam wurde es immer dunkler, ich beschloss jetzt, einfach hier zu schlafen, kochte mir noch etwas zu Abend und hoffte auf das Wunder, dass mein Zelt einfach morgen hier stände.

Das Wunder blieb leider aus. Also musste es wohl oder übel ohne weitergehen.

Als ich Ricco so davon erzählte, ärgerte er sich mit mir, aber kommentierte nur trocken:

»Naja, ist jetzt so, daran kann man jetzt leider nichts mehr ändern. Ich habe zwei Zelte, willst du eins davon haben?«

»Waaaass?? Saugeil! Und du brauchst das nicht?«

»Wofür brauche ich zwei Zelte?«, fragte er mich grinsend.

Ich freute mich riesig darüber – eine so selbstlose Geste, die mir wirklich viel bedeutete. Ich bedankte mich von Herzen und nun besaß ich wieder ein kleines Zelt. Es war nicht besonders groß, es reichte gerade so, dass ich mich reinlegen und meinen Rucksack noch irgendwie darin verstauen konnte; es war etwas schwerer und nicht ganz so wasserdicht, aber einfach genial.

Ricco besaß eine besondere Gabe. Er schnitzte unglaublich gut und das schon von klein auf. So saß er mit einer Zigarette im Mund auf dem Balkon, rechts von ihm stand eine Tasse Kaffee, und schnitzte fröhlich vor sich hin. Über kleinere Figuren, Alltagsgegenstände wie Löffel bis hin zu kleineren

Schmuckstücken – er verzauberte ein wirklich klobiges Stück Holz zu einem echten Hingucker –, die er oft als Ketten, Schlüsselanhänger und Sonstiges in der Stadt an Touristen verkaufte.

»Es reicht grad so, um über die Runden zu kommen«, meinte er. »Wenn man minimalistisch lebt und keine großen Ansprüche stellt, kann man mit ein paar Euros schon weit reisen, vor allem sehr viel erleben und einzigartige Erfahrungen sammeln.«

So verstrichen zwei bis drei Tage. Umschauen, entdecken, erkunden. Irgendwie war ich noch gar nicht aktiv auf der Suche. Eine Handvoll Menschen hatte ich erst angesprochen, viel hatte ich noch nicht dafür getan, ein Boot zu finden. Aber eines Morgens waren wir alle schon relativ früh auf. Jeder war gut gelaunt. Ich sprang singend durch die Küche. Ihme und Varia freuten sich und tanzten mit. Alle saßen am Tisch und machten sich etwas zu essen. Meist aßen wir das typische Backpacker Frühstück: Müsli mit Äpfeln und Wasser. Es war leckerer, als es sich anhört. Vor allem gab es einem für wenig Geld viel Energie für den neuen Tag.

Das Frühstück war angerichtet und wir riefen Ricco. Jetzt streckte Varia die Hände über ihre Müslischale und fing an, etwas zu singen. Für mich sah es aus wie eine Art Gebet. Nichts in unserer Sprache.

Nein, nichts was ich hätte verstehen können. Es klang mehr wie Geräusche mit verschiedenen Tönen dazwischen. Sie war eine Zauberin. Aber keine, wie ich mir sie vorgestellt hätte, mit kleinen Tricks und Täuschungen. Jeder hat wohl einen im Freundeskreis, der ein paar Kartentricks auf Lager hat. Nein, sie war, so behauptete sie, eine wahre Magierin.

Ab und an ging sie auf ihre „Missionen". Dafür zog sie sich einen langen, dunkelgrünen Mantel aus Fleece an. Dieser reichte ihr bis zu den Füßen. Dazu ihre lila Augenmaske, und über ihre verfilzten Haare streifte sie die Kapuze vom Mantel. Sie griff sich dann ihren Stab, der sich elegant mehrmals um die eigene Achse drehte. Ein wenig wie Gandalfs Stab aus „Der Herr der Ringe".

»Auf geht's!«, rief Varia dann energisch und stapfte aus der Tür.

Ich habe nie verstanden, was genau sie auf ihren Missionen machte. Aber sie sagte, sie helfe den Menschen als eine Art Heilerin. Sie benutze verschiedene Zaubersprüche und Heilrituale, um den Menschen zu neuer Kraft zu verhelfen. Manchmal bekomme sie Zeichen, die sie durch das Leben führen würden. Sie kämpfe ständig gegen ihre Dämonen an und könne sie nur beherrschen, wenn sie ihre Energie auf verschiedenen Frequenzen bündeln würde. Eine andere Sichtweise, wie man die Welt interpretieren kann.

KAPITEL 3

DAS SCHIFF MEINER TRÄUME!?

»Heute finden wir unser Boot, ich bin mir da ganz sicher!«, behauptete Varia selbstbewusst. Ich machte mir aus der Aussage nicht viel. Es klang so, als würden sie sich selbst, bevor sie loszogen, gegenseitig immer Mut zusprechen. Es kommt, wie es kommt, dachte ich mir. Irgendwas wird sich schon ergeben. Auch wenn die beiden schon so lange hier waren, hatte ich es selbst noch nicht wirklich versucht.

Nach dem Frühstück trank ich mit Ricco und Varia zusammen meinen morgendlichen Kaffee auf dem Balkon und wir genossen die wundervolle Aussicht auf die Marina. Gerade wollten wir uns auf die klapprigen Stühle setzen, da fiel sie uns auf. Varia stieß einen kleinen Freudenschrei aus und rief: »WOW, sie ist ja mal wunderschön. Absolut traumhaft!« Es war ein Segelschiff, welches gerade in den Hafen einlief. Aber wie das Äußere einen so täuschen konnte, das sollte ich noch herausfinden – aber dazu später mehr.

Es war ein majestätischer Zweimaster. Das Hauptsegel war weiß und hatte einen blauen Sonnenschutz. Am Heck des Schiffes wehte stolz eine große niederländische Flagge. Das Holz der Reling, des Bugspriets, der Fensterrahmen verlieh dem Schiff eine bezaubernde Atmosphäre und das gewisse Etwas. Für mich war es das perfekte Schiff, genauso hatte ich mir ein Segelschiff vorgestellt. Ein altes Boot mit vielen Holzdetails und der Möglichkeit, die Segel auf traditionelle Weise von Hand zu setzen.

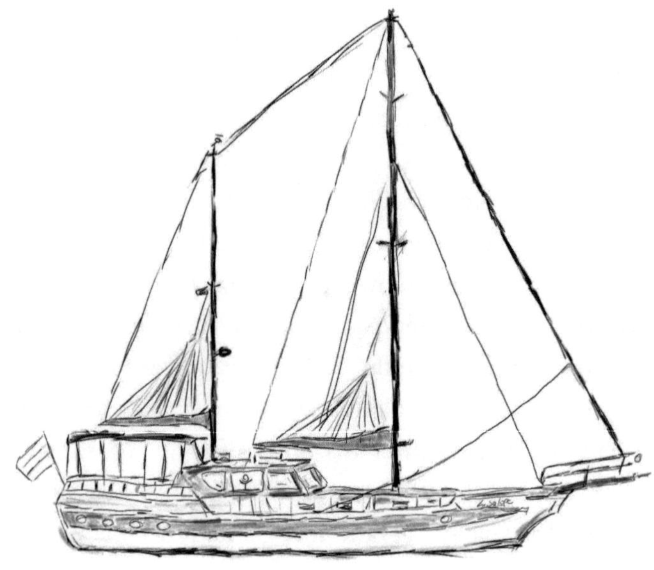

Schnell rissen wir uns alle aus unseren träumerischen Gedanken und brachen auf. Varia hatte wieder mal eine ihrer berühmten Missionen vor sich. Ricco blieb in der Wohnung und schnitzte weiter an verschiedensten Schlüsselanhängern. Zurzeit an einem kleinen süßen Wal mit einem sehr entspannten und unschuldigen Gesicht. Ihme und ich begaben uns auf Erkundungstour, um das geheimnisvolle neue Traumschiff zu entdecken und dessen Eigentümer kennenzulernen.

Während wir auf dem Weg zur Marina waren, alberten Ihme und ich aufgeregt herum.

Ich muss zugeben, dass ich ein Mensch bin, der oft aufgeregt ist und schnell von Dingen begeistert werden kann. Selbst bei alltäglichen Ereignissen wie dem Warten auf meinen Kaffee oder dem Schenken von Geschenken verspüre ich ein starkes Gefühl der Aufregung. Natürlich gibt es auch große Ereignisse, die mich nervös machen wie Vorstellungsgespräche oder das Ansprechen einer wundervollen Frau, aber ich bin oft schon bei den kleinsten Dingen aufgeregt.

Während meiner Reise konnte ich kaum schlafen, weil ich so aufgeregt war, was der nächste Tag für mich bereithalten würde. Jeder Tag versprach neue Erfahrungen, neue Menschen und neue Situationen, denen ich mich stellen musste. Ich war dankbar für alles, was ich auf dem Weg von Deutschland nach Gibraltar erlebt und gelernt hatte, und freute mich auf die vielen wunderbaren Ereignisse, die in der Zukunft auf mich warteten.

In diesem Moment war ich einfach unglaublich glücklich und meine Freude war kaum zu übersehen.

Als wir endlich an der Marina ankamen, sprinteten wir zum Dock, an dem das Schiff mit den Leinen am Steg befestigt war.

»Sie liegt sogar am Steg für die Reichen und Wohlhabenden«, bemerkte Ihme.

Ich wusste, dass jedes Dock normalerweise eine Tür hatte, die man nur mit einer speziellen Karte von der Marina öffnen konnte. Aber dieser Steg hatte ein massives Tor, das aussah, als ob sich dahinter die größten Schätze der gesamten Marina verstecken würden.

»Wenn es dort liegt, wird es wahrscheinlich schwierig sein, mit den Besitzern zu sprechen«, grummelte Ihme leise.

»Warum?«, fragte ich.

»Dieses Tor ist immer geschlossen, da sich dahinter die wirklich großen und teuren Boote befinden. Ich habe es in meiner gesamten Zeit hier noch nie offen gesehen«, antwortete Ihme betroffen.

Aber ich dachte, dass ich nicht umsonst „Felix, der Glückliche" genannt werde. Bisher hatte ich immer Glück gehabt, und manchmal denke ich, dass mir das Glück einfach so zufällt. Und an diesem Tag, nach über fünf Wochen, in denen Ihme fast Tag für Tag durch die Marinas von Gibraltar und La Línea gestreift war, um ein passendes Schiff zu finden, stand das unüberwindbare Hindernis, das große Tor, einfach offen. Wir mussten niemanden fragen, ob wir auf den Steg laufen konnten. Es war einfach offen, als ob das Universum, Gott oder das Schicksal, egal, wie man es auch nennen mag, uns eine Chance bieten würde. Und ich dachte nur: »Ja, das ist es, das wird funktionieren!«

Klopf, klopf, klopf! Wir standen bei dieser unglaublichen Pracht und klopften an den Rumpf des Schiffes. Zuerst hörten wir keine Reaktion. Wenige Augenblicke später klopften wir erneut, aber etwas fester an der Schiffswand. *Bum, bum, bum!* Dann klangen Stimmen aus dem Inneren des Schiffes hinauf.

Auf einmal guckte ein älteres, aber strahlendes Gesicht aus der kleinen Holzschiebetür auf der Backbordseite des Schiffes hervor. Es war Jorma, ein 67-jähriger alter Schwede. Er trug eine schwarze Hose, einen Wollpullover und Schlappen, die aber voll mit etwas Schwarzem eingesaut waren. Er hatte weißes Haar, eine große Stirn, und ihm begannen die Haare auf dem Kopf auszufallen, aber das Coolste von allem war sein langer weißer Bart. Er trug eine kleine Brille auf seiner großen, klobigen Nase. Genau solch ein Gesicht, wie man es aus einem Piratenfilm kennt. Er war mir auf den ersten Blick sympathisch, jemand, der schon viel gesehen und erlebt hat.

Ich war schon immer fasziniert von Menschen, die spannende Geschichten zu erzählen haben, und ich spürte, er hatte dieses besondere Etwas. Ich hoffte, er würde einige verrückte Erlebnisse mit mir teilen und vielleicht mit mir eine ganz eigene Geschichte schreiben. Doch was mich am meisten überraschte, waren die schwarzen Flecken, welche seinen Körper von oben bis unten bedeckten. Seine Kleidung, seine Hände, sogar sein Gesicht schienen von diesen Flecken übersät zu sein. Es sah aus, als hätte er sich für den Karneval als Bankräuber verkleidet.

Gleich nach ihm kam der Captain hervor. Captain Silver, wie er sich gerne selbst vorstellt und auch von vielen genannt wird, wegen seines silbernen fast schulterlangen Haares. Er war im Gegensatz zu Jorma etwas kräftiger, hatte einen runden Bauch, aber sehr dünne haarlose Beine. Sein Gesicht war mit Falten durchzogen. Er trug eine Brille, durch die man seine glasigen blauen Augen erkennen konnte. Er humpelte, da er sich beim Segeln am rechten Knie verletzt hatte.

Ein alter Mechaniker mit grober Nase, weißem Haar und langem Bart, sowie ein Captain, der humpelte. Es fehlte nur das berühmte Holzbein und die Augenklappe, dann wäre das hier „Fluch der Karibik"-reif. Die Kleidung des Captains war ebenfalls komplett schwarz, wie seine Hände und Arme. Jetzt konnten wir es besser erkennen, es war Ruß. Aber auch hinter seinem verdreckten Gesicht kam ein strahlendes weißes Lächeln hervor.

Bevor wir uns aber hätten vorstellen können, stapften zwei Mechaniker aus dem Bootsinnern hervor, noch wesentlich eingeschmierter als der Captain. Ihre kompletten Overalls waren schwarz, als wären sie gerade durch einen alten, schäbigen, verrußten Schornstein geflogen. Sie verabschiedeten sich und machten sich mit ihren Werkzeugkoffern auf und davon. Sie stapften über den Steg und hinterließen schwarze Fußabdrücke auf dem Beton.

»Motorprobleme!«, bemerkte Captain Silver und lächelte uns erwartungsvoll an.

»Jeden Tag irgendwas Neues«, fügte Jorma hinzu.

Ihme erzählte von unserem Vorhaben, den Atlantik zu überqueren, und dass wir noch auf der Suche nach einem Schiff waren, welches Crewmitglieder für die Überfahrt benötigte.

Sie luden uns auf ihr Schiff ein und erzählten uns, was mit dem Motor passiert war, viel verstand ich nicht, aber ich kann mich daran erinnern, wie schlimm es gewesen war. Der Motor hatte einen erheblichen

Schaden erlitten. Dadurch qualmte er das gesamte Boot voll. Bis auf eine Kabine war alles von oben bis unten eingerußt. Nichts konnten wir anfassen, ohne dabei schwarze Finger zu bekommen. Dadurch kamen wir ins Gespräch und erfuhren, dass sie über Gran Canaria nach Martinique segeln wollten. »Jackpot!«, dachte ich mir!

Immer wieder merkte der Captain an, dass die beiden Hilfe beim Beseitigen der Rußtragödie bräuchten. Wir verstanden uns sehr gut, tauschten Nummern aus und beteuerten immer wieder, wie gerne wir ihnen helfen würden, um sie ein wenig besser kennenzulernen. Mit einem guten Gefühl und dem Versprechen der beiden Schweden, dass sie uns anrufen würden, verabschiedeten wir uns und gingen unserer Wege.

Wir tänzelten aufgeregt und voller Euphorie zurück und jubelten begeistert:

»Das ist es! Die brauchen uns, die nehmen uns! Das ist unser Ticket auf die Kanaren, vielleicht sogar in die Karibik!«

Wir waren so überzeugt und entschlossen, dass wir das richtige Boot gefunden hatten, dass wir uns entschieden, niemand anderen mehr anzusprechen und die Neuigkeiten direkt Varia mitzuteilen.

Als wir später am Nachmittag auf dem Weg zur Painting Flat waren, klingelte unser Handy. Jorma rief an und lud uns ein, ihn und Captain Silver noch am selben Abend in der Marina Bar zu treffen. Wir willigten sofort ein und trafen uns zwei Stunden später und nahmen Varia mit, in der Hoffnung, dass auch sie mithelfen durfte. Der Abend verlief großartig. Wir tauschten Geschichten aus, lachten und hatten eine fantastische Zeit. Der Captain erzählte uns von seinen Segelabenteuern und seinen früheren Reisen. Nach ein paar Gläsern Bier machte der Captain uns ein Angebot. Wir sollten am nächsten Morgen um 9 Uhr vorbeikommen und beim Saubermachen des Bootes helfen.

Mit einem »Wenn ihr euch gut anstellt, nehm' ich euch mit auf die Kanaren!«, verabschiedete sich der Captain.

Als die beiden hinter den anderen Booten verschwanden, jubelte Ihme aufgeregt:

»Das ist unsere Chance! Das schaffen wir!«

KAPITEL 4

MEIN PASSIERSCHEIN

Punkt 9 Uhr klopften wir an die Türen von La Salope. Dann sahen wir Captain Silver im Schlafanzug etwas perplex die Stufen aus seiner Kabine hochstolpern.

»Ist es schon 9 Uhr?«, fragte er verwundert.

Wir antworteten etwas verwirrt: »Ein paar Minuten nach.«

»Mhmm, gut«, grummelte er und bat uns herein.

Als wir zur Tür an der Backbordseite eintraten, kamen wir an dem großen typischen Holzlenkrad vorbei, wie ich es mir für ein richtiges Segelschiff vorstellte. Dahinter diverse Elektronik und Navigationsgeräte, von denen ich zu diesem Zeitpunkt noch überhaupt keine Ahnung hatte. Innen war es einfach wunderschön. Alles war aus Holz und es gab sehr viel Platz im „Wohnraum" des Schiffes, was im Segeljargon als Salon bezeichnet wird. Der großzügige Raum war sehr ungewöhnlich, da normalerweise Schiffe sehr kompakt gebaut sind, um den Platz so gut wie möglich auszunutzen. Aber nicht dieses Schiff.

Mein erster Eindruck nahm mir kurz den Atem. Das war das erste Mal, dass ich ein echtes Segelschiff betrat, und ich bemerkte, wie überwältigend dieses Gefühl für mich war. Es hatte was von Freiheit, Abenteuerlust, aber gleichzeitig spürte ich auch Gelassenheit und Ruhe.

In der Mitte stand ein Holztisch, darauf ein überladener Aschenbecher und in L-Form an der Wand entlang eine Bank, welche in die Bootsstruktur eingearbeitet war. Darauf beige-bräunliche Polster. Rechts neben dem Steuerrad ging es eine kleine hölzerne Treppe hinunter zu zwei Kajüten. In der linken auf der Backbordseite schlief Jorma, die rechte war mit allem möglichen Kram vollgestellt. Weiter vorne war die größte Kajüte des Schiffes, natürlich schlief hier der Captain.

Alle Kabinen bestanden aus einem dunklen Holz, genauso wie der Boden, dessen Holzplatten immerzu laut knarrten, wenn ich über sie hinweglief. In Richtung Heck des Schiffes ging es ebenfalls eine Holztreppe hinunter, wo zwei weitere Kajüten zu finden waren. Auf der Backbordseite lag die länglich gebaute Kombüse, die Küche eines Schiffes. Auf der anderen Seite, also der Steuerbordseite, kam man durch einen kleinen Raum, den wir Pilot Room nannten, in den Motorraum. Hier gab es sogar eine kleine Werkbank, den Generator, die Pumpen, Batterien und alles, wovon ich keine Ahnung hatte. In der Mitte der Hauptmotor, eine Volvo Penta. Untendrunter die Bilge, was der tiefste Punkt des Schiffes war.

Unübersehbar war jedoch, dass das gesamte Boot mit einer feinen schwarzen Rußschicht überzogen war. Bei Berührung der Wände oder Oberflächen färbten sich die Hände sogleich schwarz. Somit stand uns gut Arbeit bevor. Dennoch betrachteten wir es als unsere Gelegenheit, uns zu beweisen und uns das Ticket nach Las Palmas zu verdienen.

Aber bevor es losging, schickte Captain Silver mich los, um etwas zum Frühstück zu besorgen. Nachdem wir gegessen hatten, machten wir uns daran, den Ruß aus dem gesamten Schiff abzuwaschen. Jede der fünf Kojen, die gesamte Küche mit allen Küchenutensilien, die Badezimmer und vor allem den Motorraum. Alles war schwarz – und nach einigen Arbeitsstunden auch wir.

Nach weiteren betriebsamen Stunden erreichten wir schließlich den Punkt, dass man sich wieder normal fortbewegen und alles benutzen konnte, ohne direkt auszusehen, als wäre man der Schornsteinfeger von nebenan. Als wir fertig waren, sah das Wasser in der Marina auch dementsprechend aus. Im Radius von bestimmt zwei Metern erstreckte sich eine komplett rabenschwarze Lache.

Aber wir hatten es geschafft, der Captain versprach uns die Mitreise! Er würde uns mitnehmen nach Las Palmas. Innerlich jauchzten wir vor Glück!

Las Palmas – wir kommen!

»Raucht ihr?«, fragte Jorma und zündete sich in diesem Moment eine seiner selbstgedrehten Zigaretten an.

»Eigentlich nicht«, antworteten wir alle leise.

»Aber Gras, oder?«

Auch das verneinten Varia und ich.

»Mhmmm, das ist gut!«

Ihme erzählte, dass er ab und zu mal den einen oder anderen Joint rauchte, und, dass vor unserer Wohnung immer welche am Hasch Verkaufen und Rauchen sind. Kaum eine Sekunde später hatte Captain Silver schon einen 50er gezückt und Ihme in die Hand gedrückt.

»Wenn ihr gleich heim geht, besorgt mal was!«, forderte er uns auf und lachte.

So kam es, dass wir mit 50 Euro nach Hause gingen und später mit fünf Gramm Hasch wiederkamen.

Es war schon ein wenig komisch. Ich war nur für ein paar wenige Nächte in der Painting Flat, doch kam es mir so vor, als würden wir jetzt ein langes Kapitel abschließen. Es war eine wunderschöne Zeit in Gibraltar – kurz, aber unglaublich. Wie viel Glück ich bei der Bootssuche wieder mal hatte. Nicht mal auf den großen Berg hatte ich es geschafft, obwohl das ganz oben auf meiner To-do-Liste stand. Es kam mir so vor, als hätten Ihme und Varia die ganze Zeit gewartet, um mit mir ein passendes Schiff zu finden.

Am nächsten Morgen packten wir schnell unsere Sachen zusammen, frühstückten und verabschiedeten uns von Ricco, der jetzt weiter Richtung Portugal ziehen wollte. An diesem Tag sollte es losgehen.

»Endlich aufs Wasser«, dachte ich mir. »Wenn das so weitergeht, werde ich ja insgesamt nur drei Monate brauchen, um von Deutschland auf die andere Seite des Atlantiks zu kommen.«

Aber noch war es längst nicht so weit.

Als wir am Pier ankamen, begrüßte Jorma uns schon mit einem langsamen und tiefen »Hey, da sind ja unsere neuen Segler!«, scheinbar gut gelaunt, dass der Motor wieder funktionierte. Er hatte gestern fast den ganzen Tag daran rumgeschraubt und ihn vor wenigen Augenblicken getestet. Der Motor funktionierte sogar, ohne das gesamte Schiff wieder vollzurußen, dennoch mussten wir an diesem Tag erneut die gesamte Küche putzen, da der Ruß einfach zu hartnäckig war.

Nachdem ich erzählt hatte, dass ich gelernter Koch sei, wurde ich direkt zum Küchenchef ernannt. Ihme und Varia arbeiteten mit Jorma am Boot weiter. Ich durfte mit Captain Silver planen, was wir für die kommende Segeltour einkaufen mussten, um nicht zu verhungern. Er wies mich in die Kombüse ein, wo wir die Ware lagerten, und zeigte mir, wie man den Backofen und Herd benutzte, wofür wir leider immer den Generator anschalten mussten.

Bereits am ersten Tag des Segelns habe ich eine der wichtigsten Lektionen gelernt, obwohl wir uns noch nicht einmal einen Meter bewegt hatten. Alles geht unglaublich langsam! Es gibt so viele kleine Details, die erledigt werden müssen, um ein Schiff startklar zu machen, und das kostet enorm viel Zeit. Selbst Dinge wie das Anmelden in fremden Ländern, Reparaturen oder einfach nur das Verstauen von Utensilien auf dem Schiff.

Eigentlich wollten wir an diesem Tag ungefähr am frühen Nachmittag ablegen, was wir aber auf den nächsten Tag verschieben mussten. Jorma und der Captain kannten das bereits. Alles dauerte nun mal seine Zeit und wir hatten alle keinen Stress, keine Arbeit, keine Verpflichtungen, sodass es uns nichts ausmachte. Aus diesem Grund blieben wir einen weiteren

Tag in der Marina und besprachen die letzten Punkte auf unserer Liste.

Unter anderem wuschen wir unsere Wäsche. Besonders die, die ich aus meinem Rucksack zog, hatte es auch vor der Putzaktion schon nötig. Auf meiner Tour bis nach Gibraltar war es mehrmals vorgekommen, dass ich draußen unter freiem Himmel schlief. Oft mehrere Tage am Stück. Viel Kleidung besaß ich nicht, was mir in folgender Geschichte zum Verhängnis wurde:

Ich stand an einer staubigen Landstraße in Spanien, zwischen Zitronen- und Limettenbäumen, als ich hoffnungsvoll auf eine weitere Mitfahrgelegenheit wartete. Die Sonne knallte auf meinen Kopf. Nach einer Weile hielt ein weißer VW Polo an. Zu meiner Überraschung war es ein Deutscher, der hier mit seiner Frau einen kurzen Urlaub machte. Ich stieg ein und wir fuhren ein kleines Stück, bis er aufschrie und meinte: »Ich hab mein Handy bei der Autovermietung vergessen«. Schnell drehten wir um und fuhren los – für mich eher in die falsche Richtung. Der Deutsche bat mich, als wir bei der Autovermietung ankamen, auszusteigen, da sich die Pläne der beiden ein wenig geändert hätten. Dann, als wir uns schnell verabschiedeten, sagte er schmunzelnd:

»Du solltest vielleicht darüber nachdenken, mal eine Dusche zu nehmen, mein Freund.«

Etwas verlegen stand ich da und dachte nur: »Wie unfreundlich!«.

Als das Auto hinter der ersten Kurve verschwand, roch ich an mir. Zu meinem Bedauern hatte er wohl mehr als nur recht. Durch das ständige Draußenschlafen, konnte ich meinen eigenen Mief gar nicht mehr wahrnehmen. Vielleicht war das auch der Grund, warum ich aussteigen sollte. Als ich so darüber nachdachte, konnte ich es ihm aber wirklich nicht verübeln. Ich fand dann an einer Tankstelle eine Toilette, wusch mich und wechselte die Klamotten.

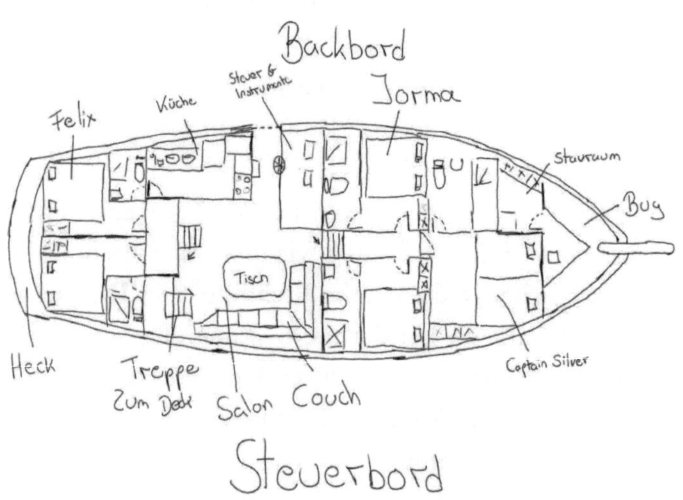

KAPITEL 5

LEINEN LOS!

In den frühen Morgenstunden hieß es an einem Sonntag dann endlich: Leinen los, ihr Landratten! Noch bevor die ersten Sonnenstrahlen den Tag erhellten, schipperten wir aus der Marina La Línea raus aus der Bucht von Gibraltar. Immer weiter die Straße von Gibraltar entlang, die uns auf den Atlantik führen sollte.

Wir mussten uns erstmals an den Wellengang gewöhnen. Das gesamte Schiff bewegte sich abwechselnd von links nach rechts. Stellte man sich hinten breitbeinig auf das Deck in die Mitte, hätte man annehmen können, dass man nur mit der Kraft der Beine das Boot hin- und herbewegen konnte.

Captain Silver saß am Steuerrad und hatte alles im Blick. Wir fuhren mit Motor, sahen andere Schiffe und frühstückten in der Zeit erstmal, wo wir sofort eine weitere Lektion des Segelns lernten. Ihme schüttete sich gerade etwas Apfelsaft in seinen Becher und wollte sein Brot fertig schmieren und rumms! – der Becher mitsamt Inhalt flog im hohen Bogen durch das gesamte Boot und rollte noch zweimal hin und her, bis er ihn schließlich einfangen konnte.

»Haha! Was ein Anfänger!«, grinste der Captain und lachte Ihme entgegen.

Und *rumms!* – ein zweites Mal flog ein Becher durch die Gegend, aber diesmal war es der vom Captain! Ich fing an zu lachen und fragte ihn scherzend:

»Soll ich das Steuerrad übernehmen?«

Nach wenigen Stunden begann ich bereits, den Wellengang zu spüren. Ich dachte mir: »Bitte nicht! Bitte nicht! Ich darf nicht seekrank werden!« Ich war noch nie richtig auf See gewesen, höchstens mal auf einer Fähre von Amsterdam nach England, das war aber nichts im Gegensatz zu einem 18-Meter-Boot. Alles bewegte sich um ein Vielfaches mehr. Ich wusste nicht, wie ich reagieren würde. Und ob die Wellen mir was ausmachen würden. Wenn ich heute so drüber nachdenke, war das schon saukomisch, sich solch ein Ziel „Atlantiküberquerung“ zu setzen und vorher diese Dinge nicht in Betracht zu ziehen. Ohne irgendwelche Gedanken daran zu verschwenden, dass ausgerechnet mir so etwas passieren könnte, war ich von zu Hause losgezogen und einfach mit purem Optimismus an die Sache rangegangen.

»Das wird schon!«, war die Aussage, die ich meinen fragenden Freunden immer entgegensetzte. Aber genau das war wohl auch meine größte Stärke auf der Reise. Ich weiß nicht, ob ich sonst auf diesem kuriosen Schiff gelandet wäre, ob ich dieses Abenteuer überhaupt gewagt hätte. Zu viel Grübeln hat mir noch nie weitergeholfen. Meistens stürze ich mich kopfüber ins Unbekannte und finde auf dem Weg alles heraus. Hier war es genauso, ich spürte das innere Verlangen, dieses Ziel zu erreichen. Es zu erleben und jede Erfahrung mit jeder Pore meines Körpers in mich aufzusaugen. Ich wusste, wenn nicht jetzt, wann dann? Dinge sind schnell auf später verschoben, bevor wir merken, dass die Zeit, die uns gegeben wurde, bereits abgelaufen ist. Deshalb versuchte ich, mich zusammenzureißen und auch diese Herausforderung zu meistern.

Mein Blick war auf den Horizont gerichtet. Auf ein kleines weißes alleinstehendes Haus an der Küste. Ich versuchte, mich nur auf dieses winzige Haus zu konzentrieren, sodass meine Übelkeit nicht stärker wurde.

Ich konnte am Anfang einige Tipps von Jorma gegen Seekrankheit befolgen. Aber jetzt war es schon später Mittag und wir hatten alle nicht viel gegessen. Da ich am Anfang zum Schiffskoch ernannt wurde, musste ich mich also ranhalten und meine Versprechen einhalten, mit denen ich mich prahlerisch vorgestellt hatte. Also stapfte ich die drei knarrenden

Treppenstufen hinunter und ging in die längliche, auf der Backbordseite liegende Küche. Direkt hinter der kleinen Tür befanden sich an der Wand die Spüle, daneben etwas Arbeitsfläche, Kühltruhen und zwei Truhen, um trockene Lebensmittel zu verstauen. Am Kopf der Küche war der Herd mit dem Ofen. Drei Herdplatten mit Gas und eine wurde mit Strom betrieben. Wollte ich 230 Volt (Herd/Ofen/Abzugshaube/Steckdosen/etc.) benutzen, musste ich dafür den Generator anwerfen.

In einem Beitrag über das Segeln hatte ich mitbekommen, dass man normalerweise den Herd entkoppeln kann, damit dieser sich nach vorne und hinten bewegen konnte und fast gerade in der Luft hing. Das hatten wir natürlich nicht! Hier bemerkte ich zum ersten Mal, dass das vielleicht nicht das bestausgestattete Schiff war, auf dem man hätte sein können. Aber Captain Silver lebte bereits seit 5 Jahren darauf, dann würde ich doch wohl auch damit klarkommen.

Erinnert ihr euch noch an das Getränk, das im Wohnzimmer verschüttet wurde?

Es war wohl das größte Chaos, welches sich in der Küche abspielen konnte: Nach nur wenigen Minuten plumpsten Karotten, geschälte Zwiebeln, Kartoffeln, Schüsseln und Schneidebretter nur so durch die Küche. Von oben kam nur ein:

»Alles gut da unten?«

»Ja das funktioniert schon!«, rief ich zurück – und *Krach! Doing!* Wieder fiel eine Schüssel mitsamt ihrem Inhalt auf den Boden. Ok, so konnte es nicht weitergehen! Ich brauchte eine neue Strategie. Alles braucht halt seine Zeit beim Segeln. Auch das Kochen!

»Und bloß nichts rumstehen lassen«, dachte ich mir. Nach und nach tastete ich mich voran. Alles vorbereitet! Jetzt musste ich aber Wasser aufstellen. Fünfzehn Minuten machte ich nichts anderes, als neben dem Topf zu stehen und ihn immer hochzuhalten, wenn ich spürte, eine große Welle kam auf uns zu. So langsam fühlte ich immer mehr, wie mir zunehmend übel wurde. Die Hitze der Küche, die Wellen, ein ekelhafter Abgas- und Dieselgeruch, der sich durch das gesamte Boot zog. Ich musste das hier überleben, ohne mich zu übergeben! Ich konnte nicht einmal weg, ohne dass alles überschwappte. Mein Magen verdrehte sich und zog sich weiter zusammen.

»Nicht hier und nicht jetzt!«, versuchte ich mir einzureden. Nachher habe ich alle Chancen verspielt, mit den Schweden weiterzusegeln. Also riss ich mich zusammen, und spritzte mir schnell etwas kaltes Wasser ins Gesicht, bevor ich den Topf auf dem Herd wieder vor einer Welle retten musste.

Das Wasser kochte, aber jetzt gab es die nächste Challenge. Wie bekomme ich die Kartoffeln in das Wasser, die auf der anderen Seite der Küche in einer

Schüssel fröhlich hin und her rutschten. Das war anderes Kochen, als ich es jemals gekannt hatte. Als ich nach drei Versuchen die Kartoffeln endlich im Wasser hatte, fiel mir auf: »Verdammt, ich kann ja gar keine kurze Pause machen!« Dementsprechend stand ich weitere fünfzehn Minuten im Wasserdampf, von Abgasgerüchen des Motorraums gequält, und redete mir ein, dass das genau das war, was ich gewollt hatte.

Dieser Tag in der kleinen länglichen Küche von La Salope war das schlimmste Kochen, was ich jemals durchmachen musste. Diese circa eineinhalb Stunden waren sogar schlimmer als der übelste Tag meiner Lehrzeit als Koch.

Dort gab es schon einige Tage, an denen ich mir gedacht hatte, schlimmer als ein bestimmter Sonntag könnte es wirklich nicht werden. Aber an diesem besagten Tag war ich samstags abends noch auf einer Geburtstagsparty gewesen, auf der wir die ganze Nacht durchgefeiert hatten. Da ich kurz vor Sonnenaufgang wohl unter der Theke eingeschlafen war, verpasste ich meinen Zug zur Arbeit und kam am Sonntag schon deutlich zu spät und auch noch betrunken zur Arbeit.

Wohl noch so betrunken, dass ich mich fragte, welche der drei Gurken, die vor mir lagen, ich schneiden sollte, obwohl es nur eine war. Mehrmals musste ich

„nur mal kurz auf Toilette". Die Terrasse des Restaurants war innerhalb von Minuten voll mit hungrigen Gästen gefüllt gewesen, obwohl wir fast keine Reservierungen hatten. An diesem Tag waren wir leider nur zu dritt in der Küche. Das war der chaotischste Tag, von dem ich eigentlich nur noch weiß, dass ich mich beim Kochen an der Arbeitsfläche festgehalten habe und einfach nur nicht in die Küche kotzen wollte.

Bis heute ist mir nicht klar, wie ich diesen Tag überhaupt überstehen konnte.

Aber wie ich auch diesen Tag überstanden hatte, war ich nun froh, auch nach diesen zwei Stunden endlich aus der stickigen Küche, die Treppenstufen nach oben zu stapfen und mein doch sehr einfaches Gericht zu präsentieren. Stolz, dass ich es auch hier geschafft hatte, mich nicht in der Küche zu übergeben, stand ich kurz danach komplett perplex da.

»Sind da Karotten drin?«, fragte Captain Silver etwas komisch.

»Ja klar! Und Zwiebeln, viel gutes Gemüse«, antwortete ich.

»Ne, ich mag keine Karotten.«

Drauf erwiderte ich etwas genervt: »Ja, dann pick sie halt raus!« Ich kam mir vor wie im Kindergarten, wollte aber nichts sagen.

Darauf entgegnete der Captain: »Nee Junge, ich esse überhaupt kein Gemüse!«

Ihme, Varia und ich waren fassungslos, wir dachten, er macht nur Scherze.

»Ziemlich ungesund«, lachte Varia uns auf Deutsch entgegen, sodass Captain Silver es nicht verstehen konnte.

Ich war einfach verblüfft. Da stand ich das erste Mal bei solchen Bedingungen in der Kombüse und dann sowas. Der Captain aß nichts von meinem zubereiteten Essen. Die anderen, inklusive Jorma, nahmen sich einen Nachschlag. Die Küche hatte mir den Rest gegeben. Etwas zu essen, davon war ich weit entfernt. Ich setzte mich wieder in die Mitte des Schiffes und suchte einen Punkt, auf den ich mich konzentrieren konnte.

Als ich so auf den blauen Matten unter dem Hauptsegel saß, musste ich kurz lachen.

»Kein Gemüse …«, sprach ich es lachend laut aus. Da konnte man auch nichts mehr machen. Keine Möhren, keine Tomaten, kein Salat, keine Gurken, generell nichts Grünes. Nur Fleisch und Fisch! Dazu waren Kartoffeln, Reis, Nudeln und sonstige Sättigungsbeilagen in Ordnung, solange sie nichts von diesem Teufelszeug enthielten, wie er es nannte. Zwiebeln waren okay, aber nur, wenn sie in Saucen verkocht und rauspassiert wurden, aber keine Stückchen. Ich lachte erneut. »Das kann ja was werden«, dachte ich mir. Und das bei einem 55-jährigen Mann.

Ganz vergessen: Obst, das ging natürlich nur als Saft! Er sagte zu mir einmal: »Alles, was ich zum Leben brauche, ist: Fleisch für den Geschmack, Kartoffeln, Nudeln, Reis für die Power. Milch für die Knochen, aber es muss Frischmilch sein, die erhitzte Scheiße kann keiner trinken. Morgens mein Cappuccino-Pulver von Nestlé und mal ein paar Snacks wie Schokolade zwischendurch.«

Trotz dieser vielen Einschränkungen war er eigentlich unkompliziert, da er den anderen seine Ansichten nicht aufdrängte. Wenn für ihn nichts dabei war, dann machte er sich halt schnell selbst etwas oder aß eben dann gerade nichts. Er redete auch nicht darüber, außer natürlich jemand sprach ihn darauf an. Sein Motto war „Leben und leben lassen!".

KAPITEL 6

DER JUNIOR CAPTAIN

Es war ein wunderschöner sonniger Morgen, aber leider mit wenig Wind, als Jorma an meine Tür klopfte. *Klopf, Klopf, Klopf!*

»Feeeeeelix? Bist du wach? Unsere Schicht fängt gleich an.«

»Ja, komme sofort!«, rief ich aus meiner kleinen, aber dennoch supercoolen Kajüte. Ich flog nach rechts und links, als ich versuchte, mir meine Hose anzuziehen. Ich schaute aus meinem kleinen Bullauge raus aufs weite Meer. Die Sonne strahlte. Ich holte einmal tief Luft und atmete die salzige Meeresbrise ein. Es war ein wunderschöner Morgen.

Ich stapfte die paar Treppenstufen hoch. Oben begrüßte mich ein fröhlicher Jorma mit ruhiger und tiefer Stimme:

»Guten Morgen. Hast du gut geschlafen?«

»Wenig, aber dennoch ausreichend«, grummelte ich und machte mir einen Kaffee. An das Brummen des Motors hatte ich mich so sehr gewöhnt, dass ich es gar nicht mehr wahrnahm. Als ich auf der Couch saß und meinen Kaffee schlürfte, fragte ich:

»Wird das Steuerrad eigentlich überhaupt benutzt?«

Wir fuhren immer mit Autopilot, was wesentlich angenehmer war, da man sonst ständig lenken müsste.

Es sei nur für Notfälle oder wenn wir in einen Hafen fahren würden, erklärte mir Captain Silver.

»Darf ich das mal ausprobieren?«, fragte ich und hatte fest damit gerechnet, ein Nein als Antwort zu bekommen.

Aber er überlegte kurz und erwiderte: »Klar, ich erklär' es dir! Wenigstens sind wir auf dem Meer und fahren mit Motor, da kannst du nicht allzu viel kaputt machen«, lachte er.

Hätte man mich in diesem Moment gesehen, hätte sich einfach jeder mit mir gefreut. Denn ich sprang mit so strahlenden Augen auf wie ein kleines Kind, das zu seinem Geburtstag das größte ferngesteuerte Auto der Welt bekommt. Ich hatte ein solch großes Grinsen im Gesicht, dass der Captain es sich beinahe anders überlegt hätte.

»Aber gut. Hier kann man den Autopilot abschalten. Naja, und dann lenkt man einfach.«

Er stand hinter dem Steuerrad. Immer ein bisschen nach links, dann direkt wieder nach rechts. Ich beobachtete ihn genau, um nichts falsch zu machen.

»Siehst du? Geht ganz einfach!«

Ganz einfach? Immer diese Leute mit „ganz einfach". Ich war kurz davor, circa 50 Tonnen zu lenken, und er sagt »mach mal!«.

Ich habe mich gefühlt wie in meiner Ausbildung, als mir mein Chef zeigte, wie man einen Kalbsrücken oder eine Rehkeule auseinandernimmt. Bei ihm hieß es auch immer: »Also, dann schneidest du hier rein, dann hast du den Teil und dann nur noch abziehen. Ganz einfach!« Ich stand da, nach zwei Minuten hatte er alle fertig geputzten Fleischteile auf dem Schneidebrett liegen und ich dachte mir nur: »Ja klar, ganz einfach!«

Aber jetzt stand ich vor einer ganz anderen Herausforderung. Ein Schiff zu lenken, kann wohl auch nicht allzu schwer sein, beruhigte ich mich.

Also dann: Ich tauschte mit dem Captain die Plätze. Los ging's! Hände ans Lenkrad und ab ins kalte Wasser.

»Falls eine große Welle kommt, musst du selbstverständlich gegenlenken«, rief Jorma von unten aus der Kombüse. Ein bisschen panisch ignorierte ich diesen Tipp, da es an diesem Tag so ruhig und windstill gewesen war, dass ich mir ums Lenken bei Wellengang ein anderes Mal Gedanken machen würde.

»Halte den Kurs auf 200 Grad auf dem Kompass!«, gab mir Captain Silver die Anweisung.

An sich war es schon recht einfach. Das einzige Problem am Anfang war nur, dass ich dachte, das Lenkrad hätte einen großen Widerstand und ließe sich schwer drehen, so war es aber leider nicht. Ich kam 10 Grad vom Kurs ab. Deshalb drehte ich es fest, aber in die falsche Richtung. Wir drehten uns um 180 Grad. Dabei lagen wir bei einem Kurs von 20 Grad auf dem Kompass. Als der Captain das mitbekam, lachte er nur und kommentierte:

»Hast du es schon satt mit uns? Willst du schon wieder zurück?«

»Nein, nein!«, rief ich etwas erschrocken, und drehte das Lenkrad fest in die andere Richtung. Anscheinend zu spät oder zu langsam, sodass ich auf der anderen Seite des Kompasses nun 90 Grad zu viel hatte und dieser ca. 120 Grad anzeigte. Ich zoomte nah an den Bildschirm unserer digitalen Karte ran, dort waren die Schlangenlinien deutlich zu erkennen, die ich mit dem Boot schipperte.

Nach einiger Zeit fand ich jedoch den Dreh raus, und ab da machte es unheimlich viel Spaß. Direkt dachte ich über ein eigenes Schiff nach. Wie wäre wohl mein Name als Captain? Captain Flexiboy? Captain

Flexberg? Captain Flexbart? Als ich so in Gedanken schwelgte und es immer besser konnte, rief Captain Silver:

»Oho! Sieh dir den jungen Burschen hier mal an! Ein richtiger Junior Captain!«

So musste ich mir auch keine weiteren Gedanken mehr machen, ab da war ich für ihn The Junior Captain.

Nach diesem kleinen Spektakel aktivierten wir den Autopilot wieder und der Captain ging, stolz auf sich selbst, weil er mir das beigebracht hatte, in seine Kajüte, um ein wenig zu schlafen. Immerhin war er schon eine Weile auf den Beinen. Acht-Stunden-Schichten sind schon einiges, und er war immer noch ein paar Stunden mehr wach, um alles zu kontrollieren und natürlich sein Gute-Nacht-Gras zu rauchen.

Aber nun denn, ich hatte meine Schicht mit Jorma. Varia und Ihme waren auch schon in ihrer Kabine, also hatte ich ein wenig Zeit mit ihm zu verbringen. Jorma bezeichnete sich selbst als Ex-Hippie und verhielt sich dementsprechend auch oft genauso. Er war ein sehr interessanter Mensch, der mich während meines Abenteuers wohl am meisten prägte. Mit welch einer Gelassenheit er das Leben und alle Probleme sah, war bemerkenswert und zugleich erschreckend. Das wohl Coolste war, dass er einfach mit 67 Jahren vorhatte, den Atlantik zu überqueren. Top fit, körperlich sowie geistig, wenn auch etwas langsam, was wohl vom ständigen Kiffen kommen musste. Vielleicht war er aber auch schon immer ein langsamerer Typ. Er besaß ein enormes Grundwissen über Elektronik, Maschinen und auch über Schiffe und das Segeln generell. Er war Schwede und fuhr von klein auf raus auf die See; er hatte das Segeln quasi in den Kinderschuhen erlernt. Es mag ein Vorurteil über die Schweden sein, dass fast jeder ein Boot besitzt und segeln kann, aber meist war da schon was Wahres dran. Genauso wie beim Captain.

Wenn ich ehrlich bin, weiß ich gar nicht mal so viel über Jorma. Er hatte drei Kinder, von denen er immer sehr stolz erzählte. Der eine hat ein DJ-Mix-Programm für Apple entwickelt, welches Spotify Musik automatisch zusammenmixt.

Manchmal redete Jorma aber auch so langsam, dass ich beim Zuhören fast einschlief und es schwer war, die Konzentration aufrechtzuhalten. An diesem Tag unterhielten wir uns viel über das Segeln, er erklärte mir, welche Arten von Segeln und Masten es gibt, wie sämtliche Ausrüstung auf einem Boot heißt und was man alles zu beachten hat.

Als er so erzählte, machte ich uns einen weiteren Kaffee, lauschte gespannt und versuchte, mir alles einzuprägen.

KAPITEL 7

SEGEL-CRASHKURS

»La Salope ist eine Ketsch, was bedeutet, dass sie zwei Masten hat. Einen Hauptmast (Mainmast) und einen Zweitmast den Besanmast, welcher auch Mizzen genannt wird. Der Mizzen ist etwas kleiner. An beiden Masten sind natürlich Segel befestigt, die mit einer sogenannten Halyard-Leine hochgezogen und gehisst werden können«, erklärte Jorma mir.

Vorne besaß La Salope zwei weitere Segel. Das Genua war das größte der zwei Vorsegel, bei uns sogar das größte Segel überhaupt. Dieses Segel war bereits mit der Halyard an einem Drahtseil, dem sogenannten Forestay, hochgezogen und musste nur noch mit den dazu vorgesehenen Leinen ausgerollt werden. Mit den Leinen, auch Sheets (Schoten) genannt, trimmte und spannte man das Segel abhängig von der Windrichtung.

Das deutlich kleinere zweite Vorsegel befand sich etwas hinter dem Genua. Dieses Segel wurde mir als Staysail vorgestellt, auf Deutsch auch Fock genannt. Am Segel gab es Karabiner, die am Forestay eingeklinkt wurden. Nachdem dies erledigt war, wurde das Segel mit der zugehörigen Halyard-Leine per Hand hochgezogen und mit dessen Sheets getrimmt.

Generell erforderte dieses Schiff noch richtige Handarbeit. Alle Segel wurden noch per Hand gehisst. Für das Trimmen und Ausrollen des Genuas hatten wir am Heck zwei Kurbeln, die aber auch nicht elektrisch waren.

Es war ein Schiff, wie ich es mir vorgestellt hatte. Viel Holz, Segeln wie früher. Wäre jetzt der Rumpf noch aus Holz gewesen, wäre ich wohl auf einem richtigen Old School Piratenschiff gelandet.

Portside (Backboard): Die linke Seite des Schiffes

Starboard (Steuerbord): Die rechte Seite des Schiffes

Monohull: Hat das Schiff nur einen Rumpf, ist es also ein Einrumpfschiff und heißt Monohull. Besitzt es mehrere, dann bezeichnet man es als Mehrrumpfschiff = Multihull, zum Beispiel Katamarane oder Trimarane.

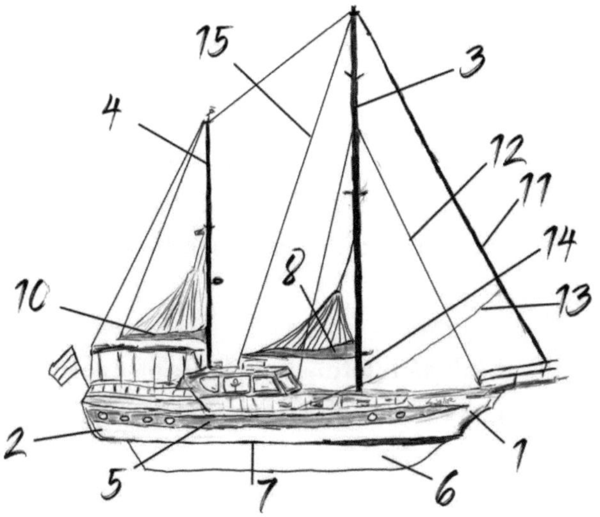

1. **Bow (Bug):** Der vordere Teil des Schiffes.

2. **Stern (Heck):** Der hintere Teil des Schiffes.

3. **Mainmast (Hauptmast)**

4. **Mizzen (Zweitmast)**

5. **Hull (Schiffsrumpf):** Der eigentliche „Körper" des Schiffes. Dieser verleiht ihm erst die Schwimmfähigkeit. Er kann aus unterschiedlichen Materialien bestehen. Zum Beispiel aus Holz, Stahl oder auch aus Glasfaser (wie bei unserem Schiff).

6. **Keel (Kiel):** Das „Rückgrat" des Schiffes. Stabilisiert den Rumpf, erhöht die Kursstabilität.

7. **Bilge:** Der tiefste Punkt eines Schiffes. Hier sammelt sich Leck- oder Kondenswasser, welches mit Pumpen herausgepumpt werden kann.

8. **Mainsail (Großsegel/Hauptsegel):** Das Segel, welches am Hauptmast befestigt ist.

9. **Forestay (Vorstag):** Ein Drahtseil, an dem man das Staysail (Fock) hisst.

10. **Mizzensail (Besansegel/Zweitsegel):** Ein etwas kleineres Segel, befestigt am Mizzenmast.

11. **Genoa (Genua):** Ein sehr großes Vorsegel (meist sogar das größte Segel des Schiffes überhaupt).

12. **Staysail (Fock):** Ein kleineres Vorsegel.

13. **Sheets (Schoten):** Seile, mit denen die Position der Segel im Verhältnis zum Wind eingestellt wird.

14. **Halyards (Fallen):** Seile, mit denen die Segel gehisst oder gesenkt werden.

15. **Shrouds (Wanten):** Drahtseile, die vom Mast zu den Seiten des Schiffes gehen, den Mast stützen und spannen.

16. **Winch (Seilwinde)**

17. **Fender:** Aufblasbare Schutzkörper. Hängen an der Reling bei Hafenmanövern.

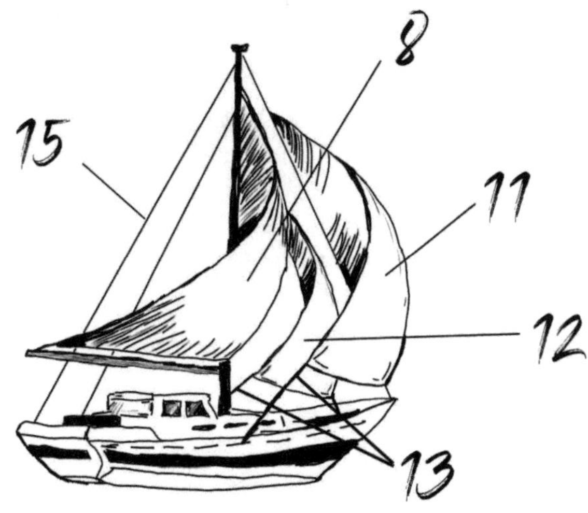

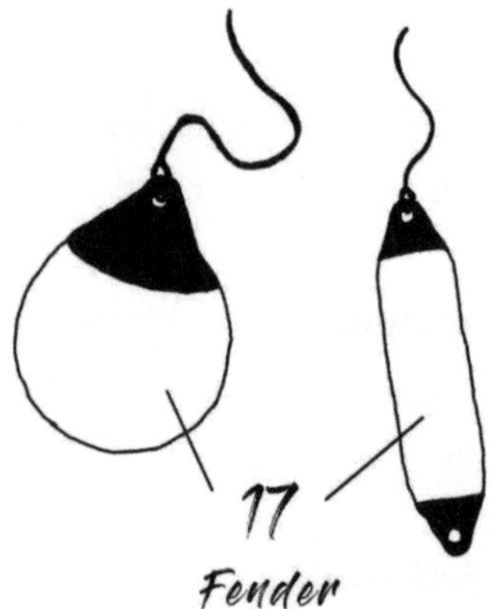

17
Fender

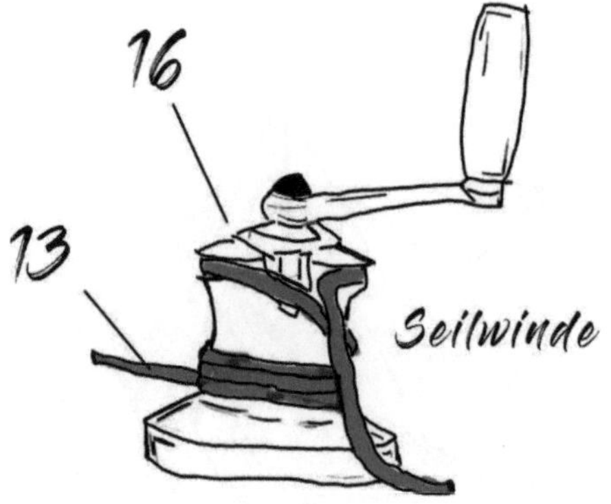

16
13
Seilwinde

Drei wichtige Seglerknoten

Bowline (Palstek)

Der wohl wichtigste Knoten. Alle Segler kennen und können ihn im Schlaf binden. Der Palstek! Der Hauptzweck dieses Knotens besteht darin, eine feste Schlaufe am Ende eines Seiles zu haben. Dieser wird direkt um einen Gegenstand gebunden oder an die Schlaufe eines Segels (zum Beispiel beim Genua). Am besten hält der Knoten, wenn ein konstanter Druck ausgeübt wird. Aber egal wieviel Druck der Knoten abbekommt, er ist immer leicht zu lösen!

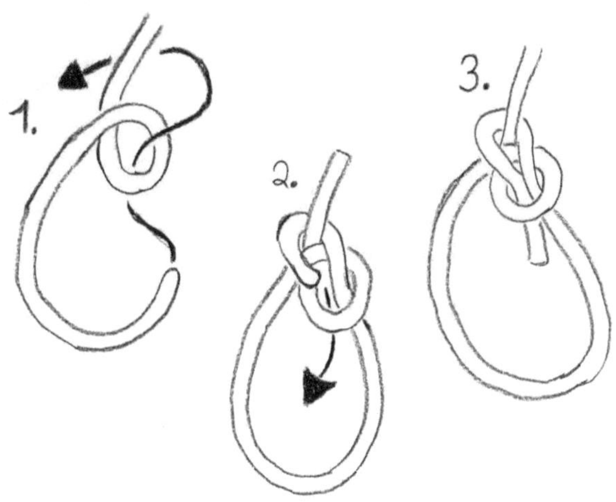

Two Half-Hitches (Doppelter Halber Schlag)

Der Knoten wird verwendet, um ein Seil sicher und zuverlässig an einem Pfahl, Ring oder einer Stange zu befestigen, indem zwei aufeinanderfolgende halbe „Schläge" gebunden werden.

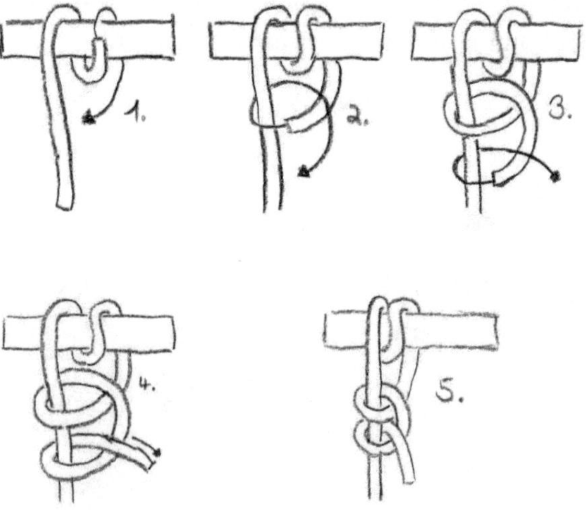

Clove Hitch (Webeleinensteck/Achterschlinge)

Zur schnellen Befestigung von Gegenständen an der Reling, zum Beispiel der Fender.

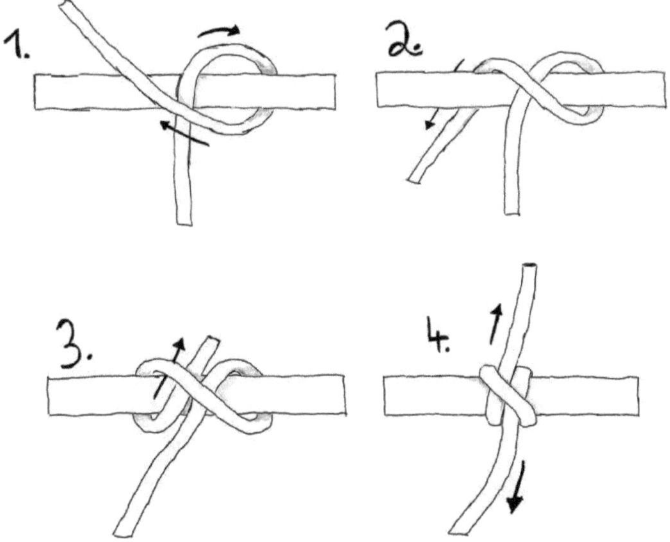

KAPITEL 8

DAS ERSTE MANKO

Ich saß draußen am Tisch, trank meinen Kaffee und hatte einfach ein Lächeln auf dem Gesicht. Das Schiff schaukelte von rechts nach links, die Balken knarrten unaufhörlich und ab und zu ein lauter Rums aus dem Inneren des Schiffes. Knatternd lief der Motor nun schon seit zweieinhalb Tagen dauerhaft. Obwohl ich draußen saß, stieg mir ein abartiger schwerer Diesel- und Abgasgeruch in die Nase. Meine Seekrankheit wurde dennoch immer besser, ich gewöhnte mich allmählich an das Schwanken, den Dieselgeruch, das Knarren des Bootes und das Auf und Ab, wenn man am Bug des Schiffes stand.

Als ich so dasaß, riss mich eine etwas härtere Brise aus meinen träumerischen Gedanken.

»Der Wind scheint zuzunehmen«, rief mir jemand aus dem Bootsinneren zu. Ich ging zu den Instrumenten und kontrollierte den Windsensor.

»Yeah, stärkerer Wind, dann können wir ja die Segel hissen, oder?«, fragte ich Jorma.

»Hipp, hipp, hey! Und nochmal!«, rief Jorma mit lauter nicht zu überhörender Stimme. »Und jetzt alle zusammen!«, gab Jorma den Befehl gegen den tosenden Wind, der jetzt noch mehr Fahrt aufgenommen hatte. Ihme, Jorma und ich standen zusammen an der Halyard und hissten das Segel immer weiter hoch.

»Captain, mehr in den Wind!«, gab Jorma Anweisung.

Captain Silver lenkte und sofort fing das Segel an, im Wind hin- und herzuflattern.

»Jetzt schnell, sonst machen wir das Segel noch kaputt! Wie beim letzten Mal, nur fester, aber alle zusammen!«

»Hipp, hipp, hey!«, wies Jorma den Takt an.

Ich zog so fest an dem Seil, wie ich nur konnte. Das Segel ging gut einen Meter nach oben.

»Noch mal! Hipp, hipp, hey!«, keuchte Jorma. Man muss schon sagen, es war nicht ohne, die Segel nur mit der Kraft der Arme zu hissen, aber es hat einen enormen Spaß bereitet. Noch spannen, damit das Segel so stramm, wie möglich war, und die Halyard am Glied des Hauptastes befestigen.

»Das erste hätten wir. Weiter mit dem Genua!«, schrie uns der Captain auf Schwedisch zu. Zum Glück übersetzte Jorma.

Der Umgang mit dem Genua war etwas anspruchsvoller. Dieses Segel verfügt über ein sogenanntes „Furling-System", das mit zwei verschiedenen Seilen bedient wird, dem Genua-Sheet und der Furler-Leine. Das Sheet, auch Schot genannt, entrollt das Segel und ermöglicht das Einstellen der Spannung, abhängig von der Windrichtung, in der man segelt. Wenn man an der Furler-Leine zieht, rollt sich das Segel wieder auf dem Vorstag ein. Beim Ausrollen ist es wichtig, beide Seile gleichmäßig zu ziehen oder zu lösen. Das Genua sollte sanft mit dem Wind gleiten, bis es vollständig ausgefahren ist.

Dieser Vorgang kann etwas knifflig sein und erfordert Übung sowie eine gute Kommunikation zwischen den Seglern, insbesondere wenn das Segel manuell gehisst wird. Auf modernen Schiffen geschieht dies heutzutage oft elektrisch, und viele Kapitäne können das Segel ganz bequem vom Cockpit aus hochziehen, straffen und wieder einfahren. Mit ein paar Knopfdrücken ist alles erledigt, aber in unserem Fall war das nicht möglich.

Zwei Segel waren oben. Der Captain entschied sich dafür, es erstmal dabei zu belassen. Der Wind fegte mir durch die Haare, und als ich so an der Reling stand, spritzte mir die Gischt ins Gesicht. Schaukelnd versuchte ich, den Bug des Schiffes zu erreichen. Auf und ab, hoch und runter. Ich konnte förmlich die Kraft des Windes unter meinen Füßen spüren, wie der Rumpf die anrollenden Wellen zerbrach und uns einfach nach vorne trieb. Ja, weiter, weiter hinaus!

Auf einmal *platsch, bums*, als wäre jemand von Bord gefallen. Panisch schaute ich mich um. Ich sah Ihme, ich sah Varia. Der Captain war im Cockpit. Aber wo war Jorma? Mein Herz fiel mir fast in die Hose. Ich beeilte mich so sehr, dass ich nur zur Reling plumpste. Ich war so panisch, dass ich fast selbst drüber fiel. Ich sah in das blaue Wasser und erblickte ihn. Nicht Jorma, aber einen kleinen schwarz-grauen Delfin, der fröhlich in der Bugwelle vor sich hinschwamm. Er sah mir direkt in die Augen, steckte seine Schnauze aus dem Wasser und kurz danach tauchte er unter das Boot.

Ich legte mich mit dem Rücken vorne auf die blaue Matte beim Hauptmast, schaute nach oben in den hellblauen Himmel und dann passierte es. *TukTuktuktrtrt-trt* ... und aus! Der Motor verstummte. Jetzt segelten wir. Ohne jegliche motorisierte Hilfe bewegten wir uns nun mit satten fünf Knoten vorwärts, was umgerechnet etwa neun bis zehn Kilometern pro Stunde entsprach. Ein unfassbar schöner Moment!

Die Sonne begann unterzugehen und erhellte den ganzen Himmel in einem orangeroten Feuerspiel, das

Knarren des Schiffes, der tosende Wind, die Wellen, die vom Rumpf gespalten wurden und als Gischt in mein Gesicht prasselten, – da wurde mir bewusst, ich hatte es geschafft. Ich segelte! Unglaublich! Ein Kindheitstraum, der endlich in Erfüllung ging. Ich lag einfach da, auf den blauen Matten. Ich schloss meine Augen, spürte das Auf und Ab, und in diesem Moment war ich so glücklich, dass mir eine kleine Freudenträne die Wange runterkullerte.

»Geil! Wir segeln einfach!«, jubelte ich laut, als würde ich es noch nicht ganz begreifen.

Der Gesang der Delfine wurde immer leiser, die Sonne sank immer tiefer und verschwand schließlich am Horizont.

»Da wir jetzt mit dem Wind fahren, müssen wir besonders auf die Instrumente achten«, erklärte mir Captain Silver. »Weiterhin benutzen wir den Autopiloten. Sollte der Wind aber die Richtung ändern, müssen wir auf dem Autopiloten dementsprechend eine andere Gradzahl einstellen. Oder die Segel trimmen.«

Jorma und ich hatten die Nachtschicht von Mitternacht bis 8 Uhr morgens. In dieser Zeit gab uns der Captain an den Segeln nichts groß zu verstellen, lieber das Schiff in den Windwinkel manövrieren.

»Alles klar! Das wird ja schon nicht so schwer sein«, dachte ich mir. Als er um Punkt Mitternacht mit uns die Übergabe machte, hatte der Wind leicht nachgelassen, dennoch segelten wir mit stabilen 4,5 Knoten grob in Richtung Gran Canaria. Ich hatte etwas Muffensausen, da ich den Wellengang immer noch in meinem Magen spüren konnte. Seitdem wir in See gestochen waren, hatte ich nicht viel gegessen. Um es mal so zu sagen, hatte ich mich am letzten Abend schon über der Reling erleichtert. Zum Glück hatte das nur Ihme mitbekommen.

Ich setzte mich auf den Skipperstuhl. Immer alle Instrumente im Blick, welche zurzeit besonders wichtig waren. Sofort hatte ich den Drang, den Autopiloten auszuschalten, einfach mal richtig segeln. Kein Autopilot, kein Motor. Segeln, wie die Menschen es früher taten. Wie geil wäre das denn?

Nach etwas Überredung und Überlegung war Jorma einverstanden. Er wollte mir aber vorher zeigen, worauf ich achten musste, wenn ich das Steuerrad in der Hand hielt und die Segel gehisst waren. Umso besser. Nach kurzer Zeit übergab er mir das Steuer. Ich steuerte das Boot allein, nur mit der Kraft des Windes in den Segeln. Es hatte etwas Machtvolles. Genau das hatte ich mir vorgestellt, als ich mir vornahm, ich will den Atlantik überqueren. Echtes Segeln. Schon von klein auf bewunderte ich immer die großen Schiffe im Hafen von Hamburg. Jedes Mal, wenn ich ein Segelschiff sah, sagte ich mir:

»Irgendwann. Irgendwann werde ich auch mal segeln und ein richtiger Pirat werden.« Nun gut, das mit dem Segeln hat geklappt, das mit dem Pirat werde ich dann doch verschieben. Mal schauen, was die Zukunft da noch bringt.

Nach gut einer Stunde kam mir ein müdes »Feeeee-eliiiix« von der Couch entgegen.

»Yaaaaaahhaaaaa«, entgegnete ich in derselben monotonen Stimmlage.

Kurze Pause.

»Ehhhhmmmmm, Moment, was wollte ich sagen?«

Wieder Pause. Es sollte wohl auch nichts mehr kommen.

Mich interessierte, wo er denn das Segeln erlernt hatte. Kaum sprach ich meine Frage aus, hatte Jorma sich – für ihn blitzartig – von seiner schläfrigen Haltung auf der Couch aufgerappelt.

»That is a good one«, erhob er stolz seine tiefe Stimme und fing an, mir seine Story zu erzählen: »Ich war wohl circa in deinem Alter gewesen, ja so um die 20, als ich bei der S.T.A teilnahm. Auf der Sir Winston Churchill, ja sie war wirklich ein wundervolles Prachtstück.«

S.T.A. steht für Sail Training Association. In der Regel sind das gemeinnützige Organisationen, welche den jungen Menschen das Segeln auf klassischen alten Großseglern näherbringen wollen. Solche

Organisationen gibt es in vielen verschiedenen Ländern, so auch in Deutschland (S.T.A.Germany). Meist gehen die Segeltörns zwei bis drei Wochen lang. Diese Törns beinhalten nicht nur die klassische Segelausbildung, sondern sind unter anderem auch zur Charakterbildung sowie der physischen und psychischen Persönlichkeitsentwicklung gedacht.

»Das waren wirklich die besten Wochen in meinem Leben!«, beendete er seinen bestimmt 20-minütigen Vortrag, was nicht immer unbedingt bedeutete, dass viel Inhalt vermittelt wurde. Wie gesagt, er redete verdammt langsam. Dennoch hat es mir immer sehr viel Spaß gemacht, seinen Storys zu lauschen.

Meine Augen wurden immer schwerer. Sie fühlten sich an wie riesige, schwere Sandsäcke. Mein Rücken schmerzte vom ständigen Sitzen auf dem doch recht unbequemen Skipperstuhl. Es war mitten in der Nacht. Ich war todmüde, schlapp und ausgelaugt.

Schlafen konnte ich nur selten. Wenn, dann hatte ich einen sehr unruhigen Schlaf, was aber verständlich war, da man sich ständig von links nach rechts und auf und ab bewegte. Daran musste ich mich erstmal gewöhnen. Oft lag ich in der Zeit, in der Schlaf an erster Stelle stehen sollte, wach in meiner Koje. Immer in einer Halbschlafhaltung, als würde ich jedes Mal ruckartig geweckt werden, sobald ich ins Land der Träume einnicken mochte. Von der Geräuschkulisse ganz zu schweigen. Jetzt war zwar das laute Knattern des Motors nicht mehr da, aber umso lauter nahm man jetzt das Poltern und mit jeder Welle das rumsende, quietschende Holz war. Bei einer größeren Welle, die uns ordentlich durchschüttelte, sogar ein »*Rum, tum, tum*« aus dem Schiffsinneren. Es hörte sich an, als würde ein schwerer Gegenstand oder der Mast selbst sich hin- und herbewegen.

Ich taumelte mit schweren Beinen zum Wasserkocher. Dort machte ich uns beiden einen starken, leider nicht besonders leckeren Instantkaffee, um uns weiterhin wachzuhalten.

»Aber was ist mit dir?«, versuchte Jorma, mich weiterhin zu unterhalten, damit ich nicht einschlief. »Du bist doch den ganzen Weg von Deutschland hierher getrampt, oder? Was war deine schönste Erfahrung auf dem Weg?«

Ich hatte viele schöne Begegnungen. Eine ist mir aber besonders im Gedächtnis geblieben und von dieser erzählte ich Jorma.

Aktuell stand ich gerade auf einer Autobahnauffahrt in Frankreich. In der Nähe von Troyes. Auf meinem sehr kleinen Pappschild war ein DIN A4 Blatt mit der Aufschrift Djion → Lyon → Marseille geklebt. Das wurde mir an einer Autobahnraststätte ausgedruckt, obwohl ich nur nach einer neuen Pappe zum Beschriften fragen wollte.

Nun denn, wartend stand ich in der Kälte. Wohlbemerkt, es war Dezember. Eine sehr ungemütliche Zeit
zu trampen. Vor allem draußen zu schlafen, wo sich
meine Mutter wohl am Anfang die meisten Sorgen
machte, ich könnte doch erfrieren. Das würde ich
dann schon merken, dachte ich mir damals. »Außerdem habe ich einen guten Schlafsack!«, antwortete ich
dann immer. Die Sonne schien rauszukommen. Strahlend blauer Himmel.

Circa 25 Minuten stand ich an der Auffahrt. Da fuhr
ein kleiner roter Golf zu mir heran. Vollgepackt bis
oben hin. Erst als das Auto fast zum Stehen kam,
konnte ich die Fahrerin erkennen. Eine ältere Dame,
ich schätzte, so gegen 80 Jahre alt. Sie war auf dem
Weg, ein paar Sachen zu ihrer Enkelin zu bringen. Ein
paar Sachen war gut gesagt. Das Auto war von oben
bis unten vollgepackt. Selbst auf dem Beifahrersitz
war viel Gerümpel.

»Bonne journée«, begrüßte ich sie höflich. Auf Englisch fragte ich: »Passt das noch?« Sie lächelte mir nur
zu, stieg aus und fing an umzupacken. Ich half, wo ich
nur konnte. Nach kurzer Zeit, mit ein bisschen Stopfen und Tetris Spielen hatten wir es so weit. Mein großer Rucksack und mein Zelt waren verstaut, ja zu

diesem Zeitpunkt hatte ich mein gutes Zelt noch. Auf ging's!

Schnell bemerkte ich, dass sie keinerlei Englisch sprach. Verstehen konnte sie aber bruchstückweise. Daher sprach ich hoffentlich in leicht verständlichem Englisch. Demzufolge antwortete sie in leichtem Französisch, was ich nun wieder zur Hälfte verstand, jedenfalls redete ich mir das ein. Den Kontext der Sätze haben wir wohl immer verstanden, darüber hinaus war es dann nur Spekulation. Aus diesem Grund dauerte es auch etwas länger, die üblichen Fragen, wie: Wo kommst du her? Wo willst du hin? Wie willst du denn über den Atlantik kommen? Was hält deine Mutter davon? Wie lange willst du unterwegs sein? Und schläfst du wirklich in deinem Zelt?, zu beantworten. Ganz schlimm war das aber nicht, weil ich mir extra ein paar Vokabeln rausgesucht hatte. Selbst wenn ich diese nur aneinandergereiht aufsagte, verstanden die meisten, wo es hingehen sollte.

Zwei Stunden vergingen. Wir fuhren von der Autobahn ab. Alle Anzeichen standen dafür, dass ich hier jetzt raus musste. Somit fuhren wir auf einen Parkplatz bei einem Einkaufszentrum. Gerade als ich dabei war, meine Sachen aus dem Kofferraum zu nehmen, war sie ganz aufgeregt und rief »Non, non, non!« und ging Richtung Einkaufszentrum. Wie ein verwirrter kleiner Hund folgte ich ihr einfach. Als wir ins Café gingen, hatte ich es dann wohl auch endlich mal verstanden. Sie brauchte nur eine kleine Pause und einen Koffeinkick. Unbedingt wollte ich ihr etwas zurückgeben, von dem, was sie mir bereits ermöglicht hatte. Demnach zog ich mein Portemonnaie. Fast schlug sie mir meinen Geldbeutel aus der Hand. »Non, non, nonono!«, entgegnete sie in einem netten, aber bestimmten Ton. Dazu schenkte sie mir ein warmherziges Lächeln. Unglaublich, wie cool diese Frau einfach war! Bei zwei weiteren Stopps bestand sie wiederum darauf, mich einzuladen. Letztendlich trennten sich unsere Wege circa 100 Kilometer vor Marseille. Sagenhafte knapp 600 Kilometer war ich mit dieser Dame gefahren. Sie drückte mir noch ein paar Müsliriegel in die Hand, im Anschluss daran wünschte sie mir weiterhin viel Glück auf meiner Reise und verschwand.

Diese unglaubliche Nächstenliebe hat mich sehr beeindruckt. Und solche Momente waren keine Seltenheit. Immer wieder wurde ich von Menschen selbstlos unterstützt. Manche wollten mir so gerne helfen, dass sie mir einen Kaffee, ein Essen ausgaben oder sogar ein Zugticket bezahlten. Manche fuhren teils kilometerlange Umwege, weil sie mich an einem besseren Spot zum Trampen absetzen wollten. Diese Momente haben mir sehr geholfen und mich durchaus sehr geprägt.

Als meine Erzählung zum Ende kam, merkte ich, dass nun auch Jorma mit der Müdigkeit kämpfte und sich immer wieder aufrappeln musste.

Es wurde immer ruhiger. Die Wellen wurden kleiner, das Knarren des Holzes immer leiser. Der Wind weniger und weniger. Langsam, aber kraftvoll wiegte das Schiff dennoch hin und her. Das Knarren des Schiffes wurde zwar immer leiser, aber die Segel umso lauter. Noch vor wenigen Minuten hatte sich das Genua prachtvoll im Wind gewölbt, jetzt jedoch fing es an, sich mit dem Boot von rechts nach links zu bewegen. Immer wenn es sich gerade wieder mit genug Wind füllte, machte es ein lautes *Flapp*, als würde man ein Handtuch ausschütteln, bevor man es auf die Wäscheleine hängt, nur 1000-mal stärker. Wieder und wieder. Nervös fragte ich Jorma, was wir denn jetzt machen müssten.

Zuerst versuchten wir, unseren Kurs dem Wind, sowie den Wellen etwas anzupassen. Für circa fünf Minuten ging das gut. Gerade als wir dachten, jetzt haben wir es wieder im Griff, verhakte sich das Genua vorne am Vorstag und überschlug sich um seine eigene Achse.

»Fuck!«, rief Jorma. »We have to fix this shit!«.

Unsere Mission lautete also: dort rausgehen und das Genua wieder entwickeln. Wir weckten Ihme und Varia auf. Kurze Zeit später zogen wir unsere

Ausrüstung an. Jeweils eine Rettungsweste, sowie eine Art Klettersteig-Set für Beginner. Es hatte zwei Karabinerhaken, welche man nutzt, um sich abwechselnd an der Reling ein und auszuhacken, damit man immer abgesichert war. Unglücklicherweise hatten wir davon nur zwei Stück an Bord. Gerade, als wir uns fertig machten, wendete Varia ein:

»Sollten wir nicht den Captain über das Manöver informieren?«

Gekonnt ignorierte Jorma diese Aussage.

»Bereit? Dann los!«, gab Jorma das Startsignal.

Wir stapften aus der Tür. Es war etwas kühl, der Himmel dunkel, aber mit vereinzelten Wolken bedeckt. Wir lagen in einer vollkommenen Flaute. Ab und an konnte man Lichter von anderen Schiffen am Horizont entdecken. Immer lauter schlug der Boom, der horizontale Mast, mit dem man das Segel nach links oder rechts drehen kann, mit den Wellen auf dem Track hin und her. *Bumm, bumm, bumm!* Varia versuchte, so gut wie es nur ging, das Schiff etwas gegen die Wellen zu steuern, damit wir nicht zu viel hin- und herschwankten. Mit zwei, drei gekonnten Handgriffen entwickelten wir das Genua.

»Was zum Teufel macht ihr da!«, rief uns da plötzlich der Captain entgegen.

Das Segel war frei. Es fing direkt wieder an, ordentlich hin- und herzuflattern, da der Wind einfach zu schwach war. Zehn Minuten diskutierten Jorma und der Captain auf Schwedisch miteinander. Inzwischen stand ich wieder am Steuerrad. Anscheinend hatten die beiden es geklärt, denn gerade war der Captain wieder auf dem Weg zu seiner Kajüte. Er schaute ein letztes Mal aus dem Fenster, da passierte es. *Flapp, bumm, flapp, bumm!* Eine größere Welle traf uns. Das Segel schnellte zurück und das Seil des Genuas riss entzwei. Der Captain und Jorma stürmten nach draußen. Das Genua flatterte auf der Backbordseite teils fünf Meter in der Luft herum.

»Felix bring uns gegen den Wind!«, befahl mir der Captain, und sofort drehte ich das Lenkrad; Captain Silver griff nach dem Sheet und versuchte, es zu halten. Ein weiterer Windstoß riss ihm das Seil aus der Hand. Bei dem Versuch, das Seil zu halten, flog er auf sein schon bereits schmerzendes Knie. Ein lauter Schrei. Das Flattern beruhigte sich, Jorma griff nach dem Seil, und mit einem Palstek-Knoten befestigte er die zwei zerrissenen Sheets wieder miteinander.

Die Nacht ging weiter. Die anderen legten sich wieder schlafen.

Ihr fragt euch vielleicht: »Warum haben die nicht einfach die Segel wieder eingeholt?« Das tat ich auch. Ich dachte mir aber wiederum: »Das sind alte Segler, die wissen schon, was sie machen.« Wir schaukelten weiter unsanft hin und her. Und *Ratsch!* – das Sheet riss erneut an einer anderen Stelle. Diesmal meinte Jorma nur:

»Darum kümmern wir uns, wenn es wieder hell wird.«

Zum ersten Mal wurde ich etwas misstrauisch, wie viel Segelerfahrung die beiden nun wirklich hatten …

Der nächste Morgen kam, aber von einer leichten Brise war keine Spur – totale Flaute. Ich zog mir meine Sicherheitsausrüstung an. Die übliche Morgenrunde stand an. Als ich aus der Tür stieg, traute ich meinen Augen nicht. Nicht nur schwankte das Genua mit gerissenem Sheet traurig vor sich hin, sondern der Haupttrack des Hauptsegels war aus dem Holz gerissen und deutlich verbogen. Ein Track ist eine Art Schienensystem, das auf dem Deck eines Segelbootes angebracht ist. Auf dem Track ist eine Art kleiner Wagen, an dem man die Seile des Segels befestigen kann. Es ermöglicht, die Position des Segels horizontal zu verändern, was entscheidend bei der Feinjustierung und dem Trimmen der Segel ist.

Doch es war kein Sturm gewesen, der dies verursacht hatte, sondern das ständige Schwanken des Schiffes bei zu wenig Wind. Immer wieder hatte das Segel am Track gezerrt, bis schließlich die Schrauben nachgaben und den Track halb herausrissen.

War das ein richtiges Segelschiff?

Waren die beiden Schweden überhaupt echte Segler?

Damit konnten wir auf keinen Fall weitersegeln!

KAPITEL 9

MEINE ENTSCHEIDUNG

Der Haupttrack war verbogen, durch den Wind aus dem Holz des Daches gesplittert. Das Genua Sheet innerhalb von wenigen Stunden zweimal gerissen. Viele Segler sind sehr penibel mit ihren Segeln. Alles muss perfekt aufgerollt werden, alles hat seinen festen Platz. Bei uns auf diesem Schiff sah das etwas anders aus. Wir hatten nicht ein Ersatzseil, was dieses lange Sheet ersetzen konnte. Ohne Sheet versuchten wir, das Genua per Hand aufzurollen. Nach zwei Dritteln jedoch verhakte sich das Furling-System, und das Segel steckte fest. Provisorisch wickelten wir es um das Forestay. Mit einem Kopfschütteln drehte sich Captain Silver um und stapfte etwas traurig zurück zum Cockpit.

Da standen wir, nach nur zwei Tagen Segeln hatten wir es geschafft, das Schiff La Salope so zu verunstalten, dass wir nicht mal mehr segelfähig waren. Wir sahen aus wie die letzten Amateure!

Wir packten das Hauptsegel so gut wie möglich zusammen. Der knarrende Motor war wieder an. »Wohl nicht der beste Anfang, um die Atlantiküberquerung zu schaffen«, dachte ich mir. Die Stimmung war gedrückt. Der Captain beschuldigte Jorma, sein Schiff zu zerstören. Es gab einige hitzige Diskussionen, aber viel von den Gesprächen konnte ich nicht verstehen, was vielleicht auch gut war.

Obwohl alles sehr aussichtslos war, entschieden Jorma und ich bei der nächsten Schicht, das Beste draus zu machen. Wir fanden eine CD-Sammlung alter Rockmusik vom Captain. Ich nahm eine CD aus der etwas klebrigen Hülle und steckte sie in das kleine Radio im Salon. Sofort ertönte eine schallende E-Gitarre aus den Boxen und ziemlich im gleichen Augenblicke hatte Jorma wieder sein gewohnt strahlendes Lächeln im Gesicht. Track für Track erklärte er mir, warum er die Band, den Song oder das ganze Album so geil fand. Er erzählte, wie er früher mit seinen Freunden auf LSD, Ecstasy und diversem anderen Zeug die Musik abgefeiert hatte. Jorma war schon ein gerissener Typ, der das Lebensgefühl eines Hippies wie „Love, Peace and Happiness" und „Sex, Drugs and Rock 'n' Roll " deutlich verkörperte. Mit einem verträumten Blick sah er mich an und meinte:

»Die guten alten Zeiten. Aber jetzt bin ich eher ein Hippie im Ruhestand.«

Da mussten wir beide lachen. Mit guter Old School Rockmusik, schlechtem Instantkaffee, blauem Himmel, Delfinen, die immer wieder neben unserem Boot hochsprangen, tuckerten wir weiter. Immer weiter. So langsam schien unser Diesel auszugehen. Es reichte nicht aus, um direkt nach Las Palmas fahren zu können. Der Captain entschied, auf Lanzarote, die Kanarische Insel, welche uns am nächsten lag, unseren Tank aufzufüllen.

In der kommenden Abenddämmerung hieß es dann zum ersten Mal »Land in Sicht!« oder eher Lichter in Sicht, denn es wurde immer dunkler. Über das Funkgerät erbaten wir die Erlaubnis, in den Hafen einfahren zu dürfen.

»Ein Guard kommt und hilft beim Andocken«, kam von dem Marina-Kontrollturm als Antwort. Jorma steuerte das Schiff an den grünen und roten Signallichtern entlang.

»Langsam, langsam, mehr Steuerbord, Backbord, Backbord! DAMN! Steuerbord!«, gab Captain Silver ihm die Anweisungen. »Was sagt die Karte auf unserem Plotter? Wie tief?«

»Alles okay, das klappt!«, antwortete Jorma.

Meine Aufgabe war es, den Guard ausfindig zu machen, der uns unsere Anlegestelle zeigen sollte.

»Ich sehe hier keinen, der ist hier nirgendwo!«, rief ich von draußen.

»Ich glaube, wir sind hier falsch«, wollte Varia helfen.

»Jaja, wir wissen schon, was wir tun. Haltet Ausschau nach dem Guard!«, gab Captain Silver genervt von sich.

»Ich glaube, wir sind hier falsch, das sieht ziemlich flach aus!«, wiederholte sich Varia. Und – keine Sekunde später – ein leises dumpfes Geräusch! Wir steckten fest. Jorma versuchte vergeblich, das Boot hinauszumanövrieren.

Vom Captain kam nur: »Fuck, fuck, fuck! Das kann jetzt nicht wahr sein!!!«

Es stellte sich heraus, dass ein grünes Signallicht kaputt war und wir direkt auf die Flachstelle der Marina zugesteuert waren.

Nach circa zehn Minuten schafften wir es, rauszukommen. Und legten am Dock an. Ihme und Varia gingen an Land etwas spazieren. Ich blieb mit Jorma und dem Captain zunächst auf dem Boot.

»Wir müssen feiern! Felix, deine erste Überfahrt. Und du hast es geschafft! Wie fühlt sich das an?«, lachte C. Silver.

»Sehr gut«, antwortete ich.

Es war ein gutes Gefühl, angekommen zu sein. Auf Lanzarote, obwohl das nicht der Plan gewesen war, sowie in der Crew. Kurz darauf kramte Captain Silver in den Verstauboxen des Salons herum und zog eine dunkle Flasche heraus. »Richtige Segler trinken Rum«, verkündete er stolz, also tranken wir einen Rum. Vielleicht auch zwei oder drei. Es könnte auch sein, dass die Flasche danach leer war. Naja, Details, Details …

Anschließend waren wir auf dem Weg, die Marina auszukundschaften, da gingen wir an einem Burger King vorbei. Zur selben Zeit mit demselben Gedanken stürmten wir hinein. Als wir an dem Schalter unser Essen bestellten, kamen wieder einmal die Essstörungen des Captains zum Vorschein. Er ließ seinen bestellten Burger zweimal zurückgehen, bis er ihn essen konnte. Obwohl man das eher nur Brötchenunterhälfte mit Bulette, Senf und mindestens einer Tonne Salz nennen konnte. Naja, jeder wie er möchte. Wir verbrachten noch eine Zeit in den Bars an der Marina-Promenade und sahen dabei zu, wie Jorma vergeblich versuchte, Gras zu kaufen, was mich und den Captain sehr amüsierte.

Am nächsten Morgen ging es weiter. Aber natürlich war die Tankstelle in der Marina gerade außer Betrieb. Demnach mussten wir weiter zur nächsten. Der Zeiger meldete bereits einen komplett leeren Tank. Das hätte uns noch gefehlt, hier an der Küste einen Notruf absetzen zu müssen. Segeln konnten wir nicht. Mit den letzten Tropfen Diesel schafften wir es nun endlich zur nächsten Marina-Tankstelle.

Immer mehr zweifelte ich an den Segelfähigkeiten der beiden Schweden. Alles war so chaotisch. Wir waren nur noch einen vollen Tag von Las Palmas auf Gran Canaria entfernt. Was würde dann geschehen. Könnte ich mit ihnen weitersegeln? Wenn ja, würde ich das überhaupt wollen? Was, wenn sowas mitten auf dem Atlantik passierte. Da könnten wir nicht mal die ganze Zeit mit Motor fahren. Immer mehr wurde mir klar, wie gefährlich das werden könnte. In diesem Moment erinnerte ich mich an alles, was hier schon schiefgelaufen war. Der Motor in Gibraltar, meine Seekrankheit, der schlimme Dieselgeruch, wenn wir mit dem Motor fuhren, das Seil, das zweimal gerissen war, der Haupttrack, der weiterhin verbogen aus dem Holz ragte. Vieles ging mir in diesem Zeitpunkt durch den Kopf.

Ich fasste den Entschluss, auch wenn ich mitfahren könnte, ich wollte mir ein neues Boot suchen. Das hier würde zu gefährlich. Nachher kämen wir niemals an. Allein das Schiff wieder seetauglich zu machen, dauerte bestimmt eine halbe Ewigkeit. So war für mich ganz klar: Ich guck' mich in Las Palmas nach einem neuen Schiff um! Da würde schon was zu finden sein.

Die Stunden vergingen. In den frühen Morgenstunden weckte mich der Captain.

»Kannst du mal kurz übernehmen?«

Er war allein in der Schicht. Varia hatte er ins Bett geschickt. Die zwei kamen die ganze Zeit schon nicht so miteinander klar, was wohl an den komplett unterschiedlichen Lebenseinstellungen lag. Mit beiden konnte man schon ziemlich anecken. Ich habe selten Probleme, mit Menschen klarzukommen, mich ein wenig anzupassen fällt mir meist nicht schwer. Die zwei wurden aber nie so wirklich miteinander warm.

Ich saß im Cockpit. Vor mir in der Ferne konnte ich bereits die Lichter von Las Palmas erkennen. Langsam wurde es heller und der Horizont füllte sich goldorange. Als der Captain wieder da war, fragte er mich aus, wohin ich denn überhaupt reisen wolle. Warum ich in die Karibik möchte, ob mir das Segeln gefallen habe. Ich merkte, worauf er hinauswollte.

»Also, wenn sich ja deine Pläne nicht geändert haben, kannst du gerne mit uns nach Martinique segeln. Jemanden wie dich kann ich gut gebrauchen! Was sagst du?«

Ich war entschlossen, zu sagen, dass ich ein anderes Boot suchen wollte. Als ich es schon fast ausgesprochen hatte, kam mir die Szene aus dem ersten Transformers Film in Erinnerung. Als Sam und Mikaela vor den offenen Türen Bumble Bees standen und er sie fragte:

„Wenn du in 50 Jahren auf dein Leben zurückschaust, willst du dann nicht auch sagen können, dass du dich getraut hast, einzusteigen?"

Und ja, ja genau das wollte ich! War es nicht genau das, weshalb ich losgezogen war? Um ein Abenteuer zu erleben? Und auf diesem Schiff war ein Abenteuer gewiss!

Also stieß ich ein »Ja, na klar! Martinique wir kommen!« aus und hatte ein breites Grinsen im Gesicht. Der ungestillte Durst, Neues zu erleben und verrückte Situationen durchzumachen, durchströmte meinen Körper. Ich fühlte mich bereit wie nie zuvor. Ich fühlte mich, als wäre ich genau da, wo ich hingehörte. Auf diesem Schiff. Mit dieser Crew.

Ich dachte mir: »Nach dem, was passiert ist, kann es ja nicht schlimmer kommen, oder?«

Ohhh, ich naives, naives, unerfahrenes armes Kind! Ich wäre nicht mal in meinen Träumen darauf gekommen, was dieses Schiff und seine Crew noch alles durchzumachen hatte.

Mein Abenteuer ging also weiter!

Gran Canaria

Las Palmas

Karibik

Altrich
Gran
Canaria

KAPITEL 10

VIER VERSUCHE

Die Bucht von Las Palmas. Die Abendsonne funkelte in der Ferne. Mehrere hundert Menschen standen am Pier und sahen unserem Manöver gebannt zu. Die Panik der umliegenden Captains war in deren Gesichter geschrieben. Ich hörte eine aufgebrachte hohe Stimme »What the fuck are you doing???« rufen.

Captain Silver stand am Bug des Schiffes und schrie ihr laut entgegen: »Rock 'n' Roll, Baby!!!«, und spielte auf einer imaginären Luftgitarre, während wir dabei waren, ein anderes Schiff zu rammen.

Ok, um das zu verstehen, lasst uns ein wenig zurückgehen. Hatte ich gestern die richtige Entscheidung getroffen?

Nachdem ich dem Captain zugesagt hatte, mit ihm nach Martinique zu segeln, tuckerten wir in die Bucht Las Palmas, um zu ankern. Etwas abseits der anderen Boote ließen wir den Anker runter. Ihme und Varia packten ihre Sachen, um an Land zu gehen und nach einem neuen Boot für die Atlantiküberquerung zu suchen. Ich war mit Jorma dabei, das Dingi fertig zu machen. Wir ließen es ins Wasser gleiten.

»Ok, nur noch die Engine«, sagte Jorma, als ich ihm den Außenmotor fürs Dingi reichte. Zwei kräftige Züge, der Motor fing an zu knattern. Fünf Sekunden später – aus. Vergeblich versuchte Jorma, ihn wieder zum Laufen zu bringen.

»Hipp, hipp, hey!«

Er zog ein letztes Mal kräftig an dem Seil, gab ein lautes »Fuck!!!« von sich und hielt mir den Seilzug unter die Nase, als er realisierte, dass ihm mittlerweile das Wasser bis zu den Knöcheln stieg. Das Beiboot hatte wohl ein Loch. Deshalb kontaktierten wir über das Funkgerät die Marina. Nach circa einer halben Stunde kam ein Guard und fuhr Captain Silver, Ihme und Varia an Land. Für die beiden war das Abenteuer auf La Salope zu Ende. Dennoch waren die beiden dankbar, jetzt einen Schritt weiter zu sein, und dadurch wieder sehr motiviert, ein anderes Boot zu finden, das sie über den großen Teich mitnehmen würde.

Das Schiff bewegte sich weiterhin gewaltig auf und ab. Der beste Spot war das hier wohl sicherlich nicht.

Nach einigen Stunden kam der Captain mit einer blonden Frau zurück. Ihr Name war Fleur. Er hatte bereits vorher erwähnt, dass sie eventuell mitsegeln würde. Sie trug ein langes, weißes, ziemlich durchsichtiges Kleid, mehrere Schmuckketten um den Hals sowie diverse Armbänder an den Hand- und Fußgelenken. Dazu wohl die unpassendsten Schuhe, welche man auf einem Segelboot anziehen konnte: High Heels.

»Bestens vorbereitet für den Trip ist sie ja nicht«, dachte ich mir.

Als sie aufs Boot stieg, kam mir eine starke Parfüm-
wolke entgegen. Fleur war eine 30-jährige Belgierin.
Sie sprach Französisch als ihre Muttersprache, Englisch mit einem starken Akzent, wenig Spanisch und
sogar etwas Arabisch. Den Captain kannte sie von früher. Die beiden hatten mal eine kleine Affäre gehabt.
Als sie mitbekam, dass er vorhatte, den Atlantik zu
überqueren, bat sie um einen Platz auf dem Schiff.

Bis heute weiß ich nicht genau, was passiert war,
aber wir wussten, dass sie vor ihrem alten Leben weg-
laufen wollte. Sie erzählte mir, dass sie bereits in ihrer
Jugend mit den falschen Personen Kontakt hatte. Zer-
stritt sich mit ihrer Familie und rutschte immer weiter
in den Abgrund. Alkohol, Drogen, die ganze Scheiße.
Sie fing an, in einer Bar als Stripperin zu arbeiten. Was
anfangs wohl auch ziemlich gut lief. Schnelles einfaches Geld, einen Lifestyle, den sie sich sonst nur er-
träumen konnte. Sie hatte nur leider das wahnsinnige
Talent, sich immer mit den komischsten Menschen
einzulassen, mit den falschen Männern, die sie wohl
auch nicht besonders gut behandelten.

Irgendwann hatte sie wohl einen Schlussstrich ge-
zogen. Sie wollte neu anfangen. Wo ist das am besten
möglich? Auf der anderen Seite des Ozeans. So weit
weg wie möglich. Wie so viele andere schon vor ihr,
sehnte sie sich nach einem Neustart in der „Neuen
Welt". Ein Koffer mit Handgepäck mit ein paar

Bikinis, Flip-Flops, eine Handvoll anderer Klamotten und ihr Reisepass waren alles, was sie besaß. Das letzte Geld hatte sie für einen Flieger nach Las Palmas ausgegeben. Kein Geld, keine Kreditkarten, sie hatte nichts – nichts, außer einer schwierigen Vergangenheit.

Um zu feiern, dass wir ein weiteres Crewmitglied hatten, köpften wir wieder mal eine Flasche Rum, wie es sich als Segler so gehört. Der Wellengang wurde nicht weniger. Unser Schiff ankerte leider nicht im Schutz der Bucht. Vor uns lag das offene Meer. Jede Welle traf uns direkt mit voller Wucht. Nachdem Fleur schon etwas seekrank wurde, entschied der Captain, das Boot zu bewegen, um einen besseren Spot in der Bucht zu ergattern.

Wahrscheinlich heißt es auch: „Don't drink and sail!", aber das war jetzt wohl nur eine Frage der Perspektive. Fleur setzte sich auf einen der Gartenstühle am Heck des Schiffes und zündete sich eine Zigarette an. Jorma ging ans Steuerrad, der Captain vorne zum Stick, bereit den Anker zu bedienen, meine Aufgabe sollte es sein, mit einem Fender bewaffnet, die Abstände zu den anderen Booten im Blick zu behalten. So starteten wir den ersten Versuch, den Anker neu zu setzen.

»Da sind ganz schön viele Boote in der Bucht. Gar nicht mal so viel Platz. Und unser Schiff ist fast doppelt so groß wie die …«

»Fender, Fender, … SCHNELL! Backbord!«, riss mich der Captain aus meinen Gedanken. Gerade noch so quetschte ich den runden Fender zwischen die Planken unseres Schiffes und dem Schiff, welches wir dabei waren zu rammen.

»Felix, Steuerbord, FENDER! Jetzt!«

Ich drückte einem aufgebrachten und fluchenden Italiener auf dem anderen Boot einen weiteren Fender in die Hand. »Mama mia, stupido, stupido!«, hörte ich nur noch, als ich keuchend einen neuen Fender griff und auf die Steuerbordseite stolperte.

Fleur saß weiterhin in ihrem Stuhl. Sie sah mich verdutzt an und zündete bereits ihre zweite Zigarette an. Am Pier sammelten sich immer mehr schaulustige Menschen. Mit entsetzten Blicken zeigten sie auf unser Boot, das gerade dabei war, wieder zu einem neuen Versuch anzusetzen.

»JETZT!!!«, befahl Jorma und rief dem Captain was in Schwedisch zu.

Und Zack ein lauter Flatsch. Der Anker verschwand im Wasser. Die Kette rasselte.

»Zurück, Zurück«, befahl Captain Silver. Jorma steuerte zurück.

»Scheiße! Das ist nicht gut! Das geht nicht!«, schrie Jorma. »Wie viele Meter?«

Ich drehte mich um. Das Entsetzen war dem Italiener ins Gesicht geschrieben. Da stand er auf seinem kleinen Boot, mit dem Fender in der Hand. Er schüttelte nur noch den Kopf. Wir waren wieder mal dabei, genau auf sein Schiff zuzusteuern. Inzwischen waren alle anderen Boote aufgewacht. Panisch befestigten sie alles, was sie hatten, an ihrer Reling und hofften darauf, dass nicht auch sie von uns getroffen wurden.

»Nicht gut! Neuer Versuch!«, befahl mein Captain vom Bug des Schiffes unbekümmert. So zogen wir den Anker wieder nach oben.

Umringt von mehreren kleinen Schiffen versuchte Jorma, einen großen Bogen zu fahren. Adrenalin pumpte durch meinen gesamten Körper. Wir hatten mehr Zuschauer, als mir recht war.

»Sorry, sorry, das tut mir so leid!«, entschuldigte ich mich bei den Besitzern der anderen Boote, wenn ich wieder mal – gerade noch so – mit einem weiteren Fender ein Rammen verhindern konnte.

Eine Frau von einem weißen Katamaran schrie mit aufgebracht hoher Stimme:

»What the fuck are you doing???«

Verunsichert ging mein Blick zum Captain. Zu meiner Verwunderung begann er, auf einer imaginären Luftgitarre zu spielen. Sein Kopf bewegte sich mehrmals hoch und runter. Seine silbernen Haare flogen durch die Luft. Seine Hand schnellte nach oben und machte das berühmte Rockerzeichen. Laut schrie er:

»Rock 'n' Roll, Baby!!!!« Mit einem breiten Grinsen im Gesicht ließ er ein weiteres Mal den Anker ins Wasser fallen.

Nach gut einer halben Stunde Nervenkitzel, vier Versuchen und jede Menge verärgerter Skipper hatten wir es geschafft. Ganze zwanzig Meter Unterschied zu unserem letzten Spot.

»Das war gar nicht mal so schlecht«, meinte Captain Silver stolz zu uns. Fleur drückte ihre dritte Zigarette im schwarzen Aschenbecher aus und stieg mit uns wieder in das Innere des Schiffes.

Nach diesem Tag waren wir wohl das bekannteste Schiff in der Marina. Jedermann hatte von diesem Manöver gehört. Alle kannten die verrückte Crew auf dem blauweißen Schiff, dessen Captain mit den silbernen Haaren Luftgitarre spielte, während er dabei war, andere Schiffe zu rammen.

Das allseits bekannte Schiff ‚La Salope‘.

KAPITEL 11

LA SALOPE

Lange konnten wir nicht in der Bucht ankern. Schließlich standen diverse Reparaturen an, um das Schiff wieder seefähig zu bekommen. Unter anderem hatte unser Dingi ein Loch und sein Motor war auch kaputt. Nur zwei Nächte blieben wir in der Bucht, bis uns ein Platz in der Marina versprochen wurde.

Wir quetschten uns in den kleinen Spot der Marina. Etwas überfordert bereitete ich die Leinen vor, mit denen wir uns am Steg befestigen wollten. Dabei riefen mir zwei aufgebrachte Marina-Guards etwas auf Spanisch zu. Kurz schaute ich mich um, ignorierte es dann aber gekonnt. Immer lauter wurde das Geschrei.

»Die Leine, du sollst sie werfen«, rief mir jemand auf Deutsch vom Steg aus zu. Das war sicher keiner von der Marina. Er trug einen schwarzen Pullover, eine kurze blaue Jeanshose und Birkenstocksandalen. Um seine Schulter quer über seine Brust hing eine Bauchtasche aus braunem Leder.

Nachdem wir angelegt hatten, stellte er sich mir vor.

»Hey, ich bin Rahim«, erklärte er mit einem ausgesprochen freundlichen Lächeln. Seit geraumer Zeit war er über Facebook in Kontakt mit dem Captain und versuchte, auf dem Schiff anzuheuern. Mit einer Seite im Internet, verfolgte er uns stetig. Damit wusste er die ungefähre Uhrzeit, wann wir in Las Palmas ankommen würden. Dafür war er extra früh aufgestanden, um unser Schiff nicht zu verpassen. Ganz nach dem Motto: Der frühe Vogel fängt den Wurm.

Danach traf er „ganz“ zufällig Captain Silver am ersten Tag im Marina Office, als er dabei war, uns einzuchecken.

»Was für ein kleiner Schlingel«, dachte ich mir da. Manchmal muss man sich sein Glück auch zurechtlegen. Verübeln konnte ich ihm das aber nicht. In den kommenden Tagen fragten uns diverse Bootsramper nach einer Möglichkeit, den Atlantik zu überqueren. Die Konkurrenz war groß. Zu der Zeit waren es bestimmt 20 bis 25 Leute, die auf einem Schiff anheuern wollten, obwohl sich die Saison schon zu Ende neigte. Die Nachfrage wurde jedes Jahr stetig größer, das Abenteuer Segeln immer beliebter. Ein Glück, dass ich meinen Platz bereits gefunden hatte.

Wenn auch du vielleicht darüber nachdenkst, dich in diesem Abenteuer zu versuchen, tu es! Aber es gibt einige Dinge zu beachten. Am besten nicht einfach fragen, ob die Skipper noch Crewmitglieder brauchen, sondern fang ein Gespräch an, lernt euch ein wenig kennen. Erwähne beiläufig, was dein Plan ist. Wenn ihr euch gut versteht, komm öfter vorbei und erkundige dich, wie es so geht, und vor allem biete deine Hilfe an. Niemand möchte einen Schmarotzer, der nur negative Stimmung verbreitet. Sei offen und hilf, auch ohne eine Gegenleistung zu verlangen. Kontakte, Erfahrungen und Möglichkeiten ergeben sich dann ganz von selbst. So merkt man direkt, ob jemand es ernst meint oder nicht.

Denke immer daran, diese Menschen leben auf dem Schiff. Das ist ihr Zuhause. Wen würdest du für ein paar Wochen in dein eigenes kleines Zuhause einladen?

Rahim tat genau das, was ich dir geraten habe, und zwar mit ganzem Herzen. Er war nett, hilfsbereit, bot Hilfe an, wo er nur konnte. Vor allem verstand er sich hervorragend mit dem Captain. Man wusste nie, ob es jetzt harte Schleimerei oder einfach seine Art war. Eins war klar, er wollte unbedingt auf dieses Schiff.

Captain Silver merkte das natürlich. Was er brauchte, ließ er ihn organisieren und stellte Rahim somit ein wenig auf die Probe. Die erste Aufgabe war mal wieder, Gras zu kaufen. Das, was wir ihm in Gibraltar besorgt hatten, war schon lange weggeraucht. Es schien eine Masche von ihm zu sein. Um herauszufinden, ob die Leute cool damit umgingen, ließ er anscheinend jeden erstmal Gras kaufen.

Danach erledigte Rahim viele unterschiedliche Dinge für den Captain. Sim-Karten, Internet – unter anderem vermittelte er auch den Kontakt zu René, um ein Auto zu mieten.

René war ein Deutscher, der schon eine Ewigkeit auf Gran Canaria in seinem kleinen Boot in der Marina wohnte. Er lebte davon, den Skippern in der Marina verschiedene Werkstätten, Reparaturservices oder auch einfach schöne Orte mit Restaurants zu empfehlen. Er kannte alles und jeden und jeder kannte ihn. Demnach hatte er sich in den letzten Jahren ein riesiges Netzwerk aufgebaut. Wenn du was brauchtest und es ordentlich sein sollte, fragst du René.

»René kann dir immer helfen«, hieß es von einer Kellnerin aus der Marina Bar.

Über ihn ließen wir unser Dingi reparieren und – wie gesagt – mieteten wir günstig ein kleines Auto für Einkäufe. Die ersten Tage verstrichen. Jorma musste vor dem Trip noch einmal für eine Woche nach Schweden zurück, um Papierkram für seine Rente zu klären. Außerdem schaute er sich nach einem neuen System für unser Haupttrack-Problem um. Die

Schiene war so verbogen, uns blieb nur noch die Möglichkeit, diesen Teil abzuschneiden und das gerade Stück als Track für das Mizzen zu benutzen.

Ab jetzt hieß es jeden Tag: Arbeiten, arbeiten, arbeiten. Morgens frühstückten wir gegen acht oder halb neun. Um neun kam Rahim vorbei, um uns bei den Reparaturen und sonstigen Arbeiten zu unterstützen. Rahim und ich schrubbten das Deck, schmirgelten den hölzernen Bugspriet ab, pflegten das gesamte Holz der Reling, der Türen und Fenster. Wir lackierten das Holz anschließend, polierten das gesamte Edelstahl auf dem Boot, putzten Fenster und so vieles mehr.

Um die Segel mussten wir uns auch kümmern. Denen hatte unser kleiner Halbversuch des Segelns nicht besonders gutgetan. Das Genua wies bereits mehrere Risse auf, durch das ständige starke Flattern, als wir nicht genug Wind hatten, um die Segel zu füllen. Ein Glück, dass wir damit nicht weitergesegelt waren. Da wäre uns wahrscheinlich das gesamte Genua gerissen. Wir nahmen alle Segel runter, packten diese zusammen und gaben sie zum Segelmacher in der Marina.

Rahim war schon etwas länger auf Gran Canaria. Seine Reise startete in Málaga, von wo er sich seinen Weg runter nach Gibraltar suchte. Dort ging er, genau wie ich, auf Bootssuche. Er fand dort leider nicht so schnell etwas. Da die Übernachtungsmöglichkeiten als Backpacker in La Línea doch sehr begrenzt waren, keine Hostels oder Jugendherbergen vorhanden waren, beschloss er, einen Flieger nach Las Palmas zu buchen, um sein Glück hier zu suchen.

Schnell war ihm klar geworden, dass es nicht nur mehr Boote gab, sondern auch die Konkurrenz um ein wesentliches höher war. Nach einigen Wochen der Bootssuche nahm er einen freiwilligen Job im Hostel Lua Lua an, wo er auch unterkam. Alle zwei Tage ein paar Stunden checkte er die Gäste ein und aus. Im Gegenzug konnte er dort umsonst schlafen, was für einen Backpacker echt ein geiler Deal ist. Jeden Tag neue Leute kennenlernen, Trips unternehmen, das Inselleben Gran Canarias in vollen Zügen genießen.

Dadurch lernte Rahim in der Zeit, als er mit mir auf dem Schiff arbeitete, zwei deutsche Mädels kennen. Sie besuchten hier eine Freundin, die auf der Insel ein dreimonatiges Au-Pair machte. Da wir unbedingt nach den Tagen voller Arbeit mal eine Auszeit brauchten, genehmigte der Captain uns eine kleine Spritztour mit dem Mietwagen. Das passte uns beiden gut. Ich hatte bis jetzt nicht viel außerhalb der Marina gesehen. Ich wusste, wo der Waschsalon, diverse Segelläden für Ausrüstung und manch gute Restaurants im Umkreis waren. Jedes Mal, wenn wir ausgingen, lud der Captain die gesamte Crew zum Essen ein. Da schrubbt man doch gern das gesamte Deck noch mal.

Jedenfalls kam mir der Ausflug sehr entgegen. Ein wenig Abwechslung in den Gesprächsthemen ebenso. Die Segler sind nun mal eine ganz eigene Sorte Menschen. Da spricht man über den Verbrauch des Hauptmotors, wieviel Energie deine Solaranlage hergibt, in welche Gewässer man noch segeln möchte, über Reiseziele, die noch in der Zukunft liegen, Kosten des Bootes, welche Batterien man benutzt. Das gesamte Schiff wird auseinandergenommen. Alle versuchen, ihr Prachtstück so gut darzustellen, wie es geht. Es ist wie ein riesengroßer Schwanzvergleich unter pubertierenden Jungs Es machte enorm Spaß, da mitzumischen. Mit neunzehn Metern Länge von Heck zu Bug machte unsere alte Dame schon was her. Aber wie so viele angehende Männer es nicht verstehen wollen, kommt es nicht nur auf die Länge an, sondern auch darauf, was im Inneren so schlummert. Aber da konnte das Schiff La Salope mit seinen ganzen Problemen meist nicht besonders punkten.

Allemal brauchte ich hin und wieder einen anderen Zeitvertreib. Endlich raus aus der Marina! Mit Rahim sammelte ich Julia und Marie mit unserem blauen VW Polo an einer Tankstelle ein. Es war heiß. Wir kurbelten die Fenster des Autos, soweit es ging, herunter.

Am frühen Nachmittag fuhren wir an der Küste entlang und die Sonne brannte von dem strahlend blauen Himmel herunter – keine einzige Wolke weit und breit.

Auf unserem Weg stoppten wir hin und wieder, um die atemberaubende Landschaft zu bestaunen. Die Wellen brachen am Ufer. Einige Surfer nutzten das perfekte Wetter unten in den Buchten. Vereinzelt sahen wir weiße Häuser an den Klippen, zu denen kleine Straßen zwischen den Büschen hinaufführten.

Unser Ziel war Agaete, um in den berühmten Las Salinas, einem der Naturbäder Gran Canarias, zu schwimmen. Unser Weg führte eine lange Serpentinenstraße entlang. Laute Musik, geiles Wetter, Glücksgefühle! Es war einfach wunderbar. Ich bretterte weiterhin die Serpentinen entlang. Angekommen sprangen wir sofort in das salzige klare Wasser und danach sahen wir auf einem kleinen Hügel die Sonne im Meer versinken.

Am späten Abend machte ich mich dann wieder auf den Weg zurück zur Marina. Ich ging die gepflasterte Promenade entlang, vorbei an den großen Steinen, die den Weg vom großen Ozean trennten. Ich hörte das Schütteln einer Sprühdose. Dann das typische Zischen. In der Ferne konnte ich zwei Gestalten erkennen. Sie waren gerade dabei, sich auf einem der Steine zu verewigen.

Sah man so an den großen Steinbrocken entlang, waren sie da nicht die ersten gewesen. Fast jedes Schiff, welches vorhatte, den Atlantik zu überqueren, besprühte hier einen Stein. Es war sogar unter den Skippern ein Thema, ob man sich schon einen Stein ausgesucht hatte. Quasi ein Ritual, bevor man aufbrach, die große Badewanne zu überqueren.

»Das machen wir auch!«, dachte ich mir und ging an den bunten Steinen entlang.

Je näher ich dem Schiff kam, umso lauter drang mir schallende Rockmusik entgegen. Sie musste von uns kommen. Ich schob die Tür zum Salon auf. Eine dicke Rauchwolke kam mir entgegen. Hustend betrat ich das Schiff und verriegelte die Tür hinter mir. Es schien so, als hätten Fleur und der Captain den Grasvorrat, den Rahim vor ein paar Tagen gekauft hatte, allein an diesem Abend weggeraucht. Dort lagen die beiden mit glasigen Augen auf der Couch im Salon und waren ein wenig weggetreten. Dazu schmetterte aus der Anlage ein Song von Queen nach dem anderen. Queen war mit Abstand die Lieblingsband des Captains. Früher war er in der Hard-Rock-Szene aktiv und bekannt gewesen, erzählte er mir.

»Verrückte Zeiten, verrückte Zeit«, grummelte er lachend vor sich hin. Er hatte sogar einen Rock Club in

Stockholm gegründet. Lange Zeit war er der Inhaber gewesen, hatte ihn aber nach einigen Jahren wieder abgegeben. Er meinte, dass er sich mehr auf seinen richtigen Job konzentrieren musste.

Er hat Wirtschaft und Wirtschaftsrecht studiert, arbeitete längere Zeit als Geschäftsanwalt, Risk Manager und Investment Manager und war unter anderem auch als Steuerberater tätig gewesen. Als er sich ein kleines Sümmchen zusammengespart hatte, beschloss er, seine Wohnung zu verkaufen und sich seinen anderen Leidenschaften, dem Segeln und vor allem dem Reisen zu widmen.

So hatte er in der Türkei dieses Boot gekauft. Über fünf Jahre war er schon im Mittelmeer unterwegs. Zwei davon an Spaniens Küste, wo er ein kleines Restaurant eröffnete. Er war ein begabter Koch. Hatte vor allem auch ein Händchen für die Sachen, die er nicht aß, was ja bekanntermaßen eine Menge war.

Es faszinierte mich, wie konsequent er dem folgte, was er mochte. Er mochte Rockmusik und wollte schon immer mal einen eigenen Club. Er eröffnete einen. Er mochte wieder mehr Segeln und Reisen. Er verkaufte seine Wohnung, besorgte sich ein Schiff und machte das nun bereits seit fünf Jahren. Er wollte sich als Gastronom ausprobieren, also eröffnete er ein kleines Restaurant und kochte zwei Jahre lang professionell. Obwohl er das Letzte doch eher als einen Fehler einstufte. Dort hatte er viel Geld in den Sand gesetzt.

»Manchmal macht man halt dumme Sachen. Aber das ist ok. Nur daraus lernt man«, meinte er, als er mir davon erzählte.

Dennoch war seine Liebe zum Rock wohl nie erloschen, was man ab und an echt merkte. Ich sage nur „Rock 'n' Roll, Baby"!

Eine Frage brannte in mir: Ich wollte unbedingt wissen, warum er sein Schiff ‚La Salope‘ genannt hatte. Für alle, die es nicht wissen: La Salope ist auf Französisch eines der schlimmsten Schimpfwörter, die man jemandem an den Kopf werfen kann. In Deutsch würde es etwa als Hure oder Schlampe übersetzt werden. Im Englischen wäre es mit Cunt auf der gleichen Wellenlänge. Im Spanischen wäre es wohl Puta. Jetzt wisst ihr, warum ich so versessen darauf war, die Story dahinter zu erfahren. Kein normaler Skipper würde jemals sein geliebtes Schiff so nennen.

Als ich die Frage aussprach, lachte er herzhaft.

»Es ist so Felix«, fing er an zu erklären, »Schiffe sind wie Frauen. Ich kann nicht ohne, aber auch nicht mit ihnen auskommen. Ich liebe sie, dennoch ist immer irgendetwas. Sie braucht immer was Neues. Mal ist der Motor kaputt, dann sind es die Batterien, die den Geist aufgeben, und so vieles mehr. Du hast gesehen, wie viel Arbeit solch ein Schiff macht. Manchmal will man nicht mehr, aber man liebt sie und arbeitet weiter daran. Hin und wieder ist sie eine richtige Bitch. Jeden Tag steckt man enorm viel Geld hinein. Nichts kostet wenig. Deshalb ‚La Salope‘! Ich liebe sie. Ich kann nicht ohne sie, aber hin und wieder ist das Schiff einfach eine Schlampe.«

Obwohl das ein sehr grauenhaftes Frauenbild ist, was er hier vertrat, hat er mit einer Sache vollkommen recht: Schiffe kosten viel Geld. Das ist wohl eins der teuersten Hobbies, die ich kenne. Was wohl auch jeder, der ein Schiff besitzt, unterschreiben kann, immer geht irgendetwas kaputt und muss wieder für teuer Geld repariert werden.

Ein eigenes Schiff ist wie ein Vollzeitjob, nur dass es dich was kostet und du nicht dafür bezahlt wirst.

KAPITEL 12

ALLE AN BORD

Die Tage zogen sich. Die To-do-Liste wurde eher größer als kleiner. Wir installierten eine Waschmaschine in einer kleinen Nische auf dem Gang zum Motorraum. Jorma bestand darauf, dass wir die Hauptmotor-Bilgepumpe reparierten. Die Bilge ist der tiefste Punkt eines Schiffes. Sollte man ein Loch im Rumpf haben, sammelt sich das Wasser dort unten. Mit den Bilgepumpen kann man das angesammelte Wasser wieder aus dem Schiff pumpen.

Insgesamt drei Pumpen konnte unser Schiff vorweisen. Zunächst eine 24-Volt-Pumpe mit einem Schwimmschalter: Stieg das Wasser höher als ein gewisser Punkt, fing die Pumpe sofort an zu arbeiten. Diese lief über die Batterien und war somit immer einsatzbereit, solange die Batterien gewissenhaft geladen waren. Die zweite Pumpe, welche man manuell in eine Steckdose einstecken musste, lief über 230 Volt. Diese konnten wir nur bedienen, wenn wir den Generator starteten, sonst gab es leider keinen 230-Volt-Strom. Als letztes gab es die besagte Motorpumpe. Diese wurde durch den Hauptmotor betrieben und war auch die effektivste. Sie war unsere letzte Hoffnung, wenn die anderen Pumpen aus welchem Grund auch immer versagten, oder eine so enorme Wassermenge ins Boot eintrat, sodass die kleinen Pumpen das nicht mehr schafften. Der Captain bezahlte eine horrende Summe, damit ein Ersatzstück drangeschweißt wurde. Jetzt sollte sie wieder funktionieren.

Erneut sollte ich ein Ersatzteil suchen. Diesmal in der Frontkabine. Ich riss die Luke auf und sprang hinein. Gerade durchsuchte ich die fünfte Kiste, da bemerkte ich hinter der Ecke diverse Taucherausrüstungen. Zwei Tauchflaschen, mehrere Neoprenanzüge, Schläuche. Alles Mögliche. Der Captain war ein Divemaster.

Er erzählte mir, dass er gerne in der Karibik ein kleines Tauchunternehmen starten würde. Ein Bekannter war bereit, in sein Boot zu investieren, um verschiedenste Reparaturen durchzuführen und die Kabinen zu restaurieren. Jeder sollte eine Kabine buchen können und in der Karibik durch Captain Silvers Anweisungen ein schönes Taucherlebnis bekommen. Ein Freund von dem Bekannten, Jack, sollte als

Tauchlehrer angelernt werden. Jack befand sich zu der Zeit in Panama.

Der Plan war, dass er jetzt von dort aus nach Las Palmas flog, dem Captain schonmal ein bisschen Geld herbrachte und das Boot kennenlernte. Er hatte 6000 Dollar für den Captain und 3500 Dollar für sich im Handgepäck. »Reise immer unter 10000!«, riet er mir später. Sonst musste man das anmelden und es konnte Probleme geben. Als ich fragte, warum er das Geld denn nicht einfach überweisen würde, da bräuchte man sich keine Gedanken machen, wieviel man mitnehmen könnte, antwortete er: »Felix, das ist nicht immer so einfach. Manchmal hat man Geld, an das man nur persönlich herankommt.«

Unter anderem sollte Jack in der Karibik auch als Deckhand arbeiten. Auf jedem größeren Schiff braucht man jemanden, der die Leinen vorbereitet, das Boot befestigt und teils auch das Equipment säubert. Damit er Segeln lernt, war er für die Überquerung festgesetzt.

Der Captain stieg in den blau-lila VW Polo und düste davon. Er war auf dem Weg, Jack und seine 6000 Doller vom Flughafen abzuholen. In der Zeit bereitete ich ein Mittagessen vor. Nach zwei Stunden fuhr der Wagen wieder vor. Aus der Beifahrertür stieg ein circa 40-Jähriger mit einer cremig-beigen Kappe aus.

Das musste Jack sein, dachte ich mir. Er trug eine blaue kurze Hose von Calvin Klein und ein orangefarbiges Poloshirt einer renommierten Seglermarke. Ein breites Grinsen ließ seine strahlend weißen Zähne hervorblitzen. Als er seine Sonnenbrille aufsetzte, redete er mit Captain Silver auf Schwedisch. Noch ein Schwede dachte ich mir. Er begrüßte mich mit einem laschen Händedruck. Ich half ihm mit seinen zwei großen Gepäckstücken und zeigte ihm seine Kabine.

Auf seinen Wunsch hin erkundeten wir gemeinsam die Marina. Wir kamen an der Marina Bay, der Seglerkneipe in der Marina, vorbei. Hier trafen sich täglich Segler zum Austausch und zum Anheuern. Unzählige Hitchhiker fanden in dieser Bar bereits ein Schiff, welches sie über den Atlantik brachte. Nicht zu übersehen war das komplett überfüllte Schwarze Brett mit Annoncen von so vielen Seglern. Ein Zettel hing über dem anderen: »Crew available! Looking for crew? Try to find a boat!« Das waren nur wenige der Überschriften, die man sofort den Zettelchen entnehmen konnte. Geprägt war diese Bar nicht nur durch die große Anzahl an Steckbriefen, die einfach überall hingen, sogar auf der Toilette, sondern auch durch die Unmenge von Kappen, welche von der Decke hingen. In allen möglichen Farben. Viele Skipper haben Merchandise Produkte ihrer Schiffe und verewigen sich mit ihrer Kappe in dieser Bar. Hoffen auf guten Wind, um heil am Ziel anzukommen. Es ist eine Art Ritual, das wie so oft bei den Seglern durch starken Aberglauben getrieben wird.

»Zwei große Bier«, rief Jack der Barkeeperin entgegen, als wir uns auf die Barstühle an der Theke setzten.

»Für mich auch zwei«, ließ ich meinen klassischen Bestellwitz vom Stapel.

»Ich mag dich!«, lachte Jack. »Lass uns trinken!« Er zischte ein Bier nach dem anderen, dabei redete er schnell und ununterbrochen, was echt beeindruckend war. Wie konnte eine Person innerhalb einer halben Stunde zwei Liter Bier trinken und gleichzeitig so viel reden? Teilweise ließ er mir nicht mal Zeit, auf das Gesagte zu antworten. Er fing einfach direkt mit der nächsten Story an.

Nach diesen zwei Stunden hatte ich von ihm eine Unmenge an unnötigen Informationen, vor allem komische Anekdoten über sich selbst, erzählt bekommen. Er berichtete, wie er in Thailand drei Monate lang nur mit Prostituierten Sex hatte, aus speziellen Gründen nicht mehr nach Schweden reisen konnte, über einen abartig teuren Urlaub in Panama mit Helikopterflug und privater Yacht. Er erzählte mir, welchen Film er immer schaute, wenn er flog, und zwar ‚The Wolf of Wall Street‘, und wie er sich extra für diesen Segeltrip Segelkleidung für mehr als 2000 Dollar gekauft hat, obwohl er vorher noch nie gesegelt ist.

Manchmal sprach Jack so schnell, dass er fünf Minuten später so außer Atem war, als wäre er einen Kilometer im Sprint gelaufen. Er überschlug sich mit seinen Worten, als müsse er sich so schnell wie möglich mitteilen. Er hatte einen sehr aufgewühlten Charakter. Irgendwie war er mir trotz dieser ganzen verrückten Stories supersympathisch. Durch seinen ständigen Mitteilungsdrang war er wohl eine der kontaktfreudigsten Personen, die ich jemals kennenlernen durfte. Er fing mit jedem über alles ein Gespräch an, ob man wollte oder nicht.

Jorma kam nach zwei Wochen wieder mit dem Flieger auf Gran Canaria an. Es hatte etwas länger gedauert, alle Materialien zu bekommen. In seinem Gepäck befand sich das neue Main-Track-System, diverse Schrauben, neue Schraubenzieher, drei lange neue Seile, da unser Genua Sheet gerissen war, und auch Ersatzteile für den Dingi-Motor. Ich freute mich enorm, dass er wieder da war. Ich verstand mich gut mit ihm und hatte seine Art vermisst. Er brachte mir viel über das Segeln, Elektronik und vieles andere bei. Natürlich in einem gemäßigten Tempo. Hatte er dann dazu noch geraucht, liefen die Reparaturen gefühlt rückwärts. Dennoch ein klasse Typ.

Mit der Ankunft von Jorma war unsere Crew zum ersten Mal vollzählig. Hier trafen Persönlichkeiten aufeinander, die alle wegen ihrer unterschiedlichen Charaktere sehr verschieden waren.

Um die Arbeiten etwas anzutreiben, teilten wir uns in Gruppen auf. Jorma kümmerte sich um diverse Elektronik, Batterien, Motor und unseren Generator. Damit er den Kabelsalat unter den Instrumenten besser verstand, fing er damit an, alles neu zu verkabeln, neu zu beschriften und zu sortieren. Jack und der Captain bildeten das nächste Team. Sie sollten sich um das mitgebrachte Haupttrack-System kümmern. Rahim und ich waren für das Mizzen zuständig. Dort musste eine neue Metallplatte und der alte Track des Hauptsegels angebracht werden. Dadurch würde das Verstellen und Trimmen der Segel deutlich vereinfacht werden. Außerdem kümmerten wir uns um viele kleinere Dinge, wo Jorma oder der Captain eine Hand brauchten.

Fleur kümmerte sich in der Zeit darum, dass wir immer eine leckere Mahlzeit bekamen. Da sie ausgezeichnet kochte und wesentlich besser mit den Essgewohnheiten des Captains klarkam, wurde sie zur neuen Küchenchefin berufen. Das kam mir sehr recht. Nun konnte ich mich viel mehr den Reparaturen widmen und später besser auf das Segeln konzentrieren.

Die Arbeiten waren in vollem Gange. Immerhin mussten wir uns ranhalten. Der Wind lässt zu dieser Zeit immer mehr nach. Dennoch nahm sich Jack jeden Tag seine zwei Stunden Pause, um sich in der Marina Bay etwas zu amüsieren. Er meinte selbst, dass er sicherlich zwei bis drei Liter Bier an einem normalen Tag trank.

Ohne ihn gefragt zu haben, erklärte er: »Na klar kann ich easy aufhören zu trinken, aber warum aufhören, wenn man es doch mag?« Dann sprang er auf den Steg. »Und außerdem habe ich das auch geschafft, als ich meine Fußfessel noch hatte«, lachte er.

»Ähh, bitte was?«, wollte ich eigentlich nachhaken, aber ich hörte nur noch seine Calvin Klein-Badeschlappen auf dem Holzsteg quietschen, die sich Richtung Marina Bay entfernten.

Dsssssttt, Dssst, mein Akkuschrauber befestigte, auf Jormas Anweisung, einen neuen Schwimmschalter für die 24-Volt-Bilgepumpe.

»Jetzt auch noch vorne«, ordnete Jorma in seiner gewohnt tiefen ruhigen Stimme an, als er dabei war, mehrere Kabel zu löten. Ich stieg erneut durch die enge Frontluke. Ich verschob die Taucherausrüstung und fand meinen Weg durch eine weitere Luke, welche direkt zur Pumpe und dem Motor des Bow Thrusters führte. Auf Deutsch wird er auch Bugstrahlruder oder Querstrahlsteueranlage bezeichnet. Bow Thruster sind die auf den Schiffen unterhalb der Wasserlinie quer zur eigentlichen Fahrtrichtung eingebauten Antriebe, die zum flexibleren Manövrieren dienen.

Dadurch verringert man den eigentlichen Wendekreis eines Bootes immens.

In einer sehr unbequemen Position, in der ich beinahe kopfüber über dem Motor hing, tauschte ich den alten Schwimmschalter aus. Jetzt sollte ich noch einen zweiten als Sicherheit installieren. Jorma erklärte mir, wo und wie. Die Glasfaserwände waren etwas gebogen. Dahinter müssten sicherlich die Wassertanks liegen, dachte ich mir. Ich setzte den Akkuschrauber an und fing an, ein kleines Loch für die Schraube zu bohren. »Nur nicht zu tief«, murmelte ich. Dsst, dsst, nur ein Stückchen noch. Der Bohrer verschwand in der Glasfaserwand.

»Fuck! Fuck, fuck, fuck!«, schrie ich auf. Ich zog den Bohrer heraus. Sofort spritzte mir Wasser durch das kleine Loch entgegen. »Scheiße, Kacke, was mache ich jetzt?« Panisch richtete ich mich auf. Meine Hand zitterte. Jetzt musste es schnell gehen. In meinem Kopf tauchten schon Bilder auf, wie wir in der Marina an einem Steg untergingen. Leute, die vorbeikamen und zuschauten, wie ich vergeblich versuchte, das Schiff mit den Leinen über Wasser zu halten. Mein Captain, der mit Tränen in den Augen, die Hände über dem Kopf zusammenschlug und mich anschrie: »Was zum Teufel hast du nur meiner La Salope angetan?«

Ich rannte. So schnell, wie es ging, platzte ich ins Boot und riss Jorma aus einer wichtigen Diskussion über Schrauben.

»Jorma, wir haben ein Problem!!!«, schrie ich ihn schon fast an. »Schnell, schnell, ich muss dir was zeigen!«

Bekanntermaßen hatte es Jorma nicht unbedingt mit der Schnelligkeit, was mich nur noch mehr verunsicherte. Zum ersten Mal stieg mir seine Gelassenheit zu Kopf. Stotternd und ohne wirklich die richtigen Worte zu finden, schilderte ich ihm das Problem. Er war nur wenig beeindruckt, was mich noch mehr aus der Bahn brachte.

»Hast du das Wasser probiert?«, fragte er mich ganz gemächlich.

»Bitte, was?«, zu diesem Zeitpunkt verstand ich gar nichts mehr.

Also probierten wir das Wasser. Es war salzig. Es war Salzwasser!!! Ich hatte ein verdammtes Loch in das Boot gebohrt.

»Ach Felix, das ist gar nicht so schlimm. Besser als in einen Tank. Es gibt wenig, was eine gute Schraube und das weiße Marine Sikaflex nicht regeln können. Aber es muss das richtige sein. The real Marine Sikaflex!«, erhob Jorma seinen Finger und reichte mir eine kleine Flasche weißes Marine Sikaflex entgegen. »The real stuff!«, sagte er und lachte ein wenig. »Um das

Loch nicht zu verschwenden, benutzt du es, um den Schwimmschalter zu befestigen«, erklärte mir Jorma beruhigend.

Da der Captain gerade etwas gestresst war, entschied Jorma, ihm nichts zu sagen, und bat mich, das Gleiche zu tun. Ich denke, bis heute weiß er nicht, dass ich ihm ein Loch in sein geliebtes Boot gebohrt habe. Sollte er mal den Schalter austauschen, würde er wohl sein blaues Wunder erleben.

KAPITEL 13

ABFAHRT IN SICHT

Heute erledigten wir bereits alle Einkäufe. Wir kauften sicherlich acht Stiegen Dosenbier, drei Stiegen Coca-Cola und natürlich Cappuccino-Pulver, welches der Captain so liebte. Viele Eier, Nudeln, Kartoffeln und natürlich auch Fleisch. Am Pier sah es aus, als würden wir uns auf eine Zombieapokalypse vorbereiten. Tüte um Tüte im Sekundentakt trugen wir den gesamten Einkauf aufs Schiff. Jeder Zentimeter wurde ausgenutzt, um alles zu verstauen, dennoch war der Raum des Schiffes beim Bau nicht unbedingt gut durchdacht worden. Überall war viel Platz verschwendet worden, um es komfortabler zu machen, was aber nicht unbedingt hieß, dass es auch praktisch war. Jorma schimpfte passend dazu immer:

»Was für Idioten! Das ist kein Segelschiff, um die Weltmeere zu erkunden, sondern gemütlich an Küstengewässern zu schippern!«

Das war La Salope auch nicht. Sie war im Mittelmeer als türkisches Charterboot gebaut worden. Große Kabinen mit jeweils eigenen Toiletten, komfortabler Innenraum, geräumige Kombüse, gebaut, um bei schönem Wetter auf dem Mittelmeer ein wenig zu segeln, aber nicht mehr. Schon gar nicht, um bei rauem Seegang einen Ozean zu bezwingen.

Mit dem wohl wichtigsten Einkauf beauftragte der Captain Rahim. Er sollte reichlich Marihuana für den Trip kaufen. Und da wohl außer Jack und mir alle regelmäßig kifften, musste das schon ordentlich was sein. 100 g standen auf dem Einkaufszettel.

»Ich hoffe, das reicht«, meinte Captain Silver besorgt, als er ihm das Geld zusteckte.

Es war der Abend vor unserer Abfahrt. Ich saß auf den Steinen der Promenade. Der Abend war ruhig und die Marina bereits still, der Himmel klar, nur mit vereinzelten Wolken, die ein paar Sterne bedeckten. Rechts neben mir lag ein glatter Stein, mit weißem gestrichenem Hintergrund. In blauer Farbe hatten wir das Schiff aufgesprüht. Darüber stand La Salope. Ein Anker und der Schriftzug ‚Atlantic Crossing 2019‘ machten unser Graffiti komplett. Es war unser Stein. Unser Zeichen. Morgen sollte es losgehen.

Ich war aufgeregt. Ich schaute raus aufs weite Meer. Die Sterne spiegelten sich im Wasser, sowie der runde

Mond, der die Nacht erhellte. Nach dem ganzen Chaos, dem Packen, dem Stress, ob wir wirklich alles hatten, kam nun ein Moment der Ruhe. Zwei-, dreimal atmete ich tief durch. Es schien, als würde alles stillstehen. In diesem Moment der Ruhe fühlte ich mich einsam, verlassen, irgendwie unbedeutend.

»Was zum Teufel mache ich hier eigentlich?« fragte ich mich selbst. Heimweh und das starke Bedürfnis, mit jemand Vertrautem zu reden, kamen in mir auf. Aber wen ruft man in solchen Situationen an? Besonders um diese Uhrzeit. Es war so gegen elf Uhr abends. Ich hab's nicht so mit anrufen und einfach quatschen. Ich scrollte durch meine Kontaktliste. So viele Namen, so viele flüchtige Kontakte. Menschen, die ich unglaublich cool fand, mit denen ich mich verbunden fühlte, aber was würde ich sagen?

Als ich nun schon das zweite Mal am unteren Ende der Liste angekommen war, wählte ich nun endlich eine Nummer. *Tut, tut, tut.* »Bitte heb ab«, flehte ich innerlich.

»Felix, Felix! Oh mein Gott! Was ist passiert?!«, rief mir eine besorgte Stimme am anderen Ende der Leitung entgegen.

Ich sollte mich bei meinen Freunden vielleicht etwas häufiger melden, dachte ich mir. Dazu muss man sagen, es war Glenn, einer meiner wenigen Notfallkontakte. Er war eine Person, die wohl alles stehen und liegen lassen würde, um mir zu helfen. Wenn ich in Schwierigkeiten geraten würde, wäre er eine der ersten Personen, die ich kontaktieren würde. Sollte ich in einem kolumbianischen Drogenkartell feststecken, würde er einen Weg finden, mich dort rauszubekommen. Über meine gesamte Reise hatte ich ihn als „Backup" quasi mit auf der Reise und sicherlich hatte ich mit ihm mit Abstand am meisten Kontakt, was nicht unbedingt an mir lag. Leider! Im Nachhinein hörte ich oft, dass andere sich bei ihm über Neuigkeiten bezüglich meiner Reise informierten. Ich war wohl noch nie der Typ, der sich oft meldet. Dennoch tat es gut, eine vertraue Stimme zu hören. Glenn war so davon angetan von dem, was ich bereits erlebt hatte. Er gab mir das Gefühl das Richtige zu tun, was in mir wieder das Feuer entfachte, mein Ziel weiterzuverfolgen.

Ein sanftes Klopfen an meiner Kabinentür weckte mich auf.

»Wach auf, Felix! Wir haben noch einiges zu tun!«, rief mir der Captain zu.

Heute sollte es los gehen, aber unsere To-Do-Liste war noch nicht ganz abgearbeitet. Wir verbrachten den Vormittag damit, das gesamte Schiff auf den Wellengang vorzubereiten. Das hieß, alles verstauen, festknoten, das Dingi aufs Deck befördern, abdecken, festbinden.

Vor jeder Fahrt fallen noch so viele Kleinigkeiten an, die einfach Zeit kosten. Bei Jorma sah es noch gar nicht danach aus, dass er in der nächsten Zeit fertig würde. Er war immer noch dabei, das gesamte Armaturenbrett auseinanderzunehmen und wieder neu zu verkabeln. Ab und an zeigte er mir, wo er die neuen Kabel verlegt hatte.

»Fucking amateurs!«, kam immer lachend von ihm, wenn er sich an eine neue Baustelle dieses Chaos-Schiffes begab.

»Ohhhhhhh, schhhhiiiittttt!!! That's a fucking problem!«, dröhnte Jorma mit seiner monotonen tiefen Stimme. Er reichte mir eine kleine Glühbirne entgegen.

»Ja und? Es ist 'ne kleine Glühbirne!«, antwortete ich, wie immer unwissend.

»Feeeelix, weißt du überhaupt irgendetwas über Motoren?«, fragte er mich leicht ungläubig. »Das ist DIE wichtigste Glühbirne auf dem gesamten Schiff! Und sie ist kaputt. Einfach kaputt! Shit! Das ist die Ignition Light! Die wichtigste, oh fuck, oh fuck, fuck, fuck!«

Wie konnte so eine Mini-Glühbirne die wichtigste auf dem gesamten Schiff sein?

»Eine Ignition Light zeigt an, wenn der Generator des Motors oder in unserem Fall der Alternator (elektrischer Generator) nicht mehr die Batterien lädt«, erklärte mir Jorma.

»Naja, und wenn das passiert, bekommt man den Motor vielleicht gar nicht mehr an. Wenn du auf der Mitte eines Ozeans bist, etwas vorfällt und du den Motor nicht anwerfen kannst, dann bist du am Arsch. Hier kann auch nicht mal der ADAC vorbeikommen und dich überbrücken«, meinte Jorma in ziemlich ernstem Ton.

»Oh, kapiert! Also unser gesamtes Leben hängt von dieser kleinen Glühbirne ab«, scherzte ich.

Aber er antwortete nur: »That's right Felix! That's right!«

Inzwischen war es schon Nachmittag. In der Marina gab es nicht die speziellen Glühbirnen, die wir brauchten. Jedenfalls nicht für unseren Motor. Die hätten wir bestellen müssen. Der Captain beauftragte Rahim, nach diesen zu suchen. Ich sollte die letzten Kleinigkeiten auf dem Boot erledigen, was eigentlich hieß, die ganzen Werkzeuge von Jorma zu verstauen.

Captain Silver selbst wollte unser Satellitentelefon aufladen. Es sah aus wie ein Handy der ersten Generation. Schwarz mit großen Wähltasten, einer Halterung, damit man es am Gürtel befestigen konnte, und natürlich mit einer ausziehbaren Antenne. Mehrere Stunden vergingen. Kein Wort von Rahim. Captain Silver verzweifelte mit dem Aufladen. Nach einem

Telefonat mit der Firma stellte sich heraus, dass die Sim-Karte abgeschaltet worden war, da er sie in den letzten zwei Jahren nicht benutzt hatte.

»Was für Wixxer!«, schimpfte der Captain in seinen Laptop hinein. »Wir müssen uns eine neue kaufen.« Ein Blick auf die Uhr. In drei Minuten würden alle Geschäfte der Marina schließen. Hektisch griff Captain Silver zu seinem Smartphone.

»Wo ist die Nummer? Felix, RUN!«

Captain Silver steckte mir zweihundert Euro zu, ich griff das Satellitentelefon, sprang auf den Steg, stürmte am Pier entlang. Vorbei an den Bars, Restaurants und dem Waschsalon. Einmal auf die andere Seite der Marina. Von den umliegenden Schiffen kamen wieder mal komische Blicke. Aber als sie mich da so rennen sahen, hatten sie alle ein Lachen auf dem Gesicht. »Ach die crazy Crew von La Salope wieder«, dachten sie wahrscheinlich alle. Wir waren ja überall bekannt.

Gerade noch so schlug ich keuchend die Tür des Marina Shops auf. Ich stützte mich auf meine Knie, um durchzuatmen. Lachend kam mir Angelo entgegen. Ein Angestellter, der uns die letzten Wochen des Öfteren beraten und weitergeleitet hatte.

»Ihr seid crazy!«, meinte er und lachte laut. Er legte seinen Arm um mich. »Aber ich mag es!«

Er wechselte mir die Sim-Karte aus. Als ich aus der Tür trat, schloss er hinter mir ab und meinte dabei:

»Now it's closed!« Mit einem »Habt einen guten Trip!« verabschiedete er sich lächelnd von mir.

Mit der Abendsonne kam Rahim zum Schiff zurück. Sein kleines Unternehmen hatte ihn fast um die halbe Insel geführt. Er fragte bei mehreren Autohändlern nach, die ihn immer und immer wieder weiterleiteten. Schließlich erreichte er sein Ziel und hielt uns nun zwei kleine Plastikbeutel unter die Nase. In der einen waren 100 Gramm Hasch und in der anderen zwei winzige kleine, ganz unscheinbare Glühbirnen.

Jorma freute sich riesig über seine kleinen ‚Geschenke'. Ich konnte aber nicht erkennen, über welche von den beiden Beuteln er sich mehr freute. Dennoch erhielten wir erneut den Vortrag, wie wichtig diese Glühbirnen doch seien. Nicht dass wir das alles von ihm heute nicht schon dreimal gehört hatten. Direkt installierte er eine der Glühbirnen. Die andere hielt er hoch und schaute durch seine kleine Brille, was auf der Seite stand.

»Das ist eine gute Glühbirne. Das wird unser Ersatz sein.«

Klirr!

Die Glühbirne fiel durch seine groben Finger auf den Tisch. Dort blieb sie mit gebrochenem Glas liegen. Niemand sagte etwas. Alle Augen richteten sich auf Jorma. Nach einem Augenblick der totalen Stille sagte Captain Silver:

»What the fuck?«

Verlegen sah Jorma auf die Reste der Glühbirne.

»Ok, kein Ersatz, aber wenigstens haben wir eine funktionierende Glühbirne«, meinte er, als er an seinem großen Joint zog.

Morgen sollte es nun endlich losgehen. Nur noch tanken, dann hatten wir alles.

Hoffentlich!

KAPITEL 14

KARIBIK – WIR KOMMEN!

Ich entknotete die Leine von der Klampe am Pier und warf sie Jack zu. Ich lief zum Bug des Schiffes, um dasselbe noch einmal zu tun. Schnell, mit einem saftigen Sprung, hüpfte ich auf die gerade von allen Leinen befreite La Salope. Langsam, aber sicher bewegten wir uns Richtung Eingang der Bucht. Heute war einiges los. Mehrere Windsurfer querten unseren Weg und viele Kinder, die gerade Segelunterricht nahmen. Einige winkten uns zu und wünschten einen guten Trip.

Vor uns lag das offene Meer. Direkt außerhalb der Bucht trafen uns die Wellen etwas unerwartet mit voller Wucht. Es ging hoch und runter. Noch dazu war eben ein Kreuzfahrtschiff vorbeigefahren, was die Wellen erheblich vergrößerte. Unter ständigem Festhalten verstaute ich einige Fender in der vorderen Kabine. Den Wellengang merkte ich sofort. Mir wurde leicht mulmig, schwindelig und die typische Müdigkeit setzte ein. »Du schaffst das! Letztes Mal ging es auch weg«, sprach ich mir selbst Mut zu.

Ich hörte immer wieder etwas am Heck des Schiffes rumpeln und umherfliegen. Fleur stand in der Mitte und versuchte vergeblich, die Gartenstühle und den Tisch festzuhalten.

»Hilf ihr!«, befahl mir Captain Silver. Er saß auf dem Cockpit-Stuhl und überschaute alles. Ich schwankte nach hinten. Jack saß mit bleichem Gesicht auf der Couch im Innenraum, sah mit starrem Blick aus dem Fenster und warf sich schon die dritte Tablette gegen Seekrankheit ein.

»Fuuuuckk!«, hörte ich Jormas Stimme aus dem Motorraum rufen. »Rahim, dann geh Felix holen!«

Rahim platzte mit weißem Gesicht nach oben. Auch er hatte mit den Wellen zu kämpfen.

»Jetzt bist du dran«, meinte er zu mir.

Ich ging die Stufen hinunter. Der Motor knatterte. Der Dieselgestank wurde immer intensiver. Ich öffnete die Tür zum Motorraum.

»Vorsicht!«, rief Jorma, als ein Hammer knapp an meinem Kopf vorbeiflog. Der Boden war übersät mit Schrauben, Zangen und Aufsätzen vom Akkuschrauber. Jorma stand vor mir mit ausgebreiteten Armen. Er versuchte das Brett festzuhalten, hinter dem alle Tools verstaut waren.

»Hilf mir!«, schrie er mir laut entgegen, um das ratternde Knattern des Motors zu übertönen. Auf allen vieren kroch ich auf dem Boden herum und versuchte, alles aufzuheben. Es war heiß. Ich schwitzte an Händen und Füßen, was es nicht unbedingt einfacher machte.

Von oben hörten wir den Captain rufen: »Große Welle …!«

Aber es war zu spät. Die Welle traf uns und ließ mich zu Boden stürzen. Wir versuchten, alles erneut zu verstauen. Jormas Brett-Konstruktion war die schlechteste gewesen, die er auf dem gesamten Trip hatte. Um an ein Werkzeug, eine Schraube oder was auch immer heranzukommen, musste man dieses Brett wegnehmen. Somit waren alle Tools entsichert und konnten durch die Gegend fliegen. Gerade drehte ich eine Schraube fest, da spürte ich es. Mir war so heiß. Die Luft drückte auf meinen Brustkorb und schnürte mir den Atem zu. Ich rang nach Luft. Als ich tief einatmete, stieg mir nur ein abartiger Dieselgeruch in die Nase. Mein Gesicht war kreidebleich und ich nahm das Grummeln im Magen wahr. Mir war schlecht. Hier unten war die reinste Hölle. Ich rannte. Kämpfte mir meinen Weg zurück an die frische Luft, die Stufen hoch. Rahim und Fleur saßen beide leichenblass auf den Stühlen und ich lehnte mich über die Reling und gab mein Frühstück den Fischen.

Ich schaute zu Rahim und sagte: »Du bist dran.«

Gran Canaria wurde immer kleiner. Die Sonne brannte auf unsere Köpfe und der Wind pfiff uns ins Gesicht. Über uns kreisten ein paar Möwen. Ab und an schwammen Delfine mit der Bugwelle und sangen uns ein paar Abschiedslieder. Es war ein schöner Moment, wahrlich paradiesisch. Genießen konnte ich ihn nicht. Ich saß auf einer Stufe auf der Steuerbordseite und kämpfte mit meinem Körper.

Wir alle hatten mit uns selbst zu tun, außer dem Captain und Jorma. Der Captain saß lachend vor dem Lenkrad und trank fröhlich seinen Kaffee. Jorma war dabei, sein Zeug im Motorraum in den Griff zu bekommen, aber Anzeichen von Seekrankheit hatten die beiden nicht. Seitdem wir abgelegt hatten, war er dort unten. Mir war immer noch unerklärlich, wie er es schaffte, dort nicht seekrank zu werden. Doch dann, als mein Kopf in meinen Händen lag und ich meine Schläfen massierte, gab es einen lauten Knall. Jorma drückte die Luke, welche vom Motorraum in den Salon führte, auf. Ein ölbeschmiertes Gesicht mit einer Kopflampe kam hervor. Er sah ein wenig aus, wie ein Maulwurf, der aus seinem Hügel hinausragte.

»Die Seepumpe ist scheiße! Schon kaputt!«, verkündete er.

Captain Silver schüttelte nur noch den Kopf. Er hatte viel Geld für nichts ausgegeben.

»Fucking amateurs …!«, grummelte Jorma und verschwand wieder in seinem Reich.

Den gesamten ersten Tag fuhren wir nur mit dem Motor. Jeder sollte sich erstmal an den Wellengang gewöhnen. Immerhin war es für Jack, Fleur und Rahim auch die erste Über-Nacht-Fahrt, die sie auf einem Segelschiff machten.

Am zweiten Tag hieß es dann aber, endlich Segel hissen. Diesmal sollten es auch alle Segel sein. Jack kam strahlend aus seiner Kajüte. Ihm ging's deutlich besser als gestern. Endlich konnte er seine teure Segelkleidung nutzen. Er trug eine Mütze und eine windfeste weiße Jacke.

»Ich bin ready!«, verkündete er, als er sich seine glänzenden neuen Segelhandschuhe überzog. Wir fingen mit dem Hauptsegel an. Hier war Muskelkraft gefragt. Jack, Rahim und ich standen an der Halyard bereit, diese zu ziehen. Der Captain steuerte etwas in den Wind. Auf Jormas Signal hin zogen wir.

»Hipp, hipp, hey!«, schrie er uns entgegen, um uns den Takt zu geben. Als nächstes waren das Staysail, das Mizzen und zum Schluss das große Genua an der Reihe.

Schiffe sind heutzutage so gebaut und die Segel so konstruiert, dass der Wind fast aus jeder Richtung kommen kann. Außer direkt von vorne. Dort gibt es eine No-Sail-Zone. Diese ist bei den meisten Booten jeweils auf beiden Seiten von vorne circa 30-35 Grad groß. Sonst kann der Wind aus jeder möglichen Richtung kommen. Man muss nur wissen, wie man die Segel richtig zu setzen hat.

Wenn man den Atlantik von Ost nach West überqueren möchte, versucht man, sich am Golfstrom sowie an den Passatwinden zu orientieren. Diese Route, wie sie Unzählige von Seglern jährlich nehmen, ist ein Teil der sogenannten „Barfußroute", welche einmal um den Globus geht. Den Namen hat sie daher, weil es immer warm genug ist, um auf dem Boot barfuß zu laufen. Von manchen Skippern wird diese Route auch die „Milky Way Route" genannt, weil man normalerweise einmal die Segel hisst und bis zu der Ankunft in der Karibik nicht viel verstellen muss. Ab und an mal trimmen, aber das war's. Unter anderem ist die Chance auf einen Sturm sehr gering in dieser Jahreszeit. Einfach, easy und ohne große Probleme segelbar.

Unsere liebe La Salope war leider nicht so unkompliziert. Die Shrouds, die Metallseile, die den Mast stabilisierten, waren ungünstig platziert, wodurch es unmöglich war, das Haupt- und Mizzensegel vollständig auszufahren. Das Segeln, wenn der Wind direkt von hinten weht, also wie beim „Running", unter dem sogenannten „Vorwind" zu segeln, gestaltete sich bei uns als unmöglich.

Auf dieser Route der Atlantiküberquerung war es durch die Passatwinde so gut wie gesetzt, dass der Wind von hinten wehte.

Das Beste, was wir gerade so hinbekamen, war ein Broad Reach (Raumwind), also wenn der Wind schräg von hinten kam. Daher mussten wir mehr im Zickzack segeln, was unseren Trip deutlich verlängern würde.

»Die See ist keine Autobahn! Geradeaus segeln geht halt nicht immer!«, meinte der Captain nur.

Ein richtiges Schiff zum Offshore-Segeln, oder gar für eine Weltumsegelung war La Salope sicherlich nicht. Ein Schiff, das den Wind nicht vom Heck aus mitnehmen konnte, da musste ich ein wenig schmunzeln. So hatte ich mir ein Segelschiff nicht vorgestellt.

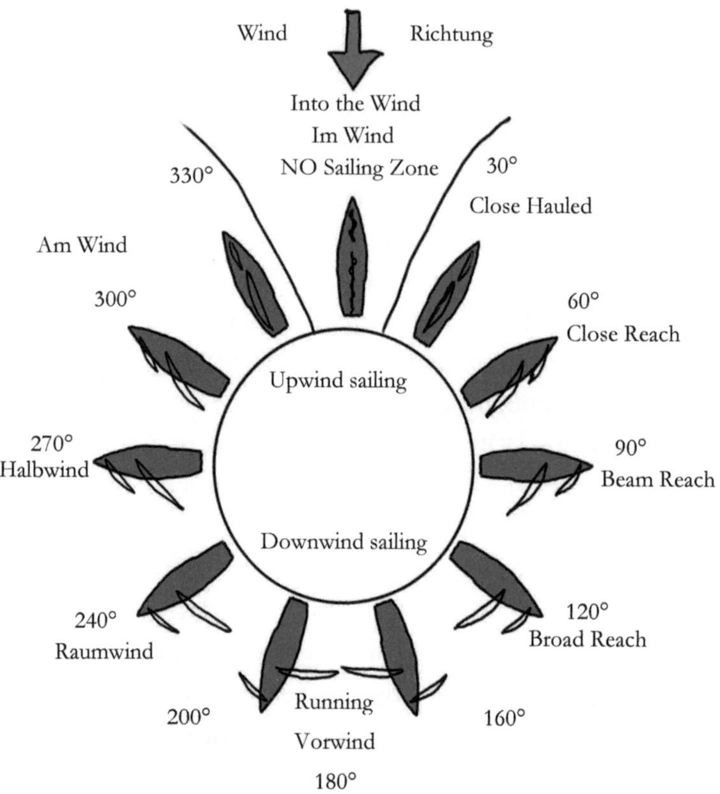

Trotz der Unannehmlichkeiten war es wie in einem Traum, als wir den Motor ausschalteten. Wir segelten, diesmal richtig und sogar länger als nur eine Nacht. Der Wind füllte die Segel und blies das Schiff ordentlich voran. Mit guten sieben bis acht Knoten segelten wir Richtung Südwesten. Bereits nach knapp drei Tagen hatten wir 380 Seemeilen von circa 3000 Seemeilen Richtung Karibik hinter uns gelassen.

Alle drei bis vier Stunden ließen wir den Generator laufen, um die Batterien zu laden, sowie Strom zum Kochen zu haben. Gerade als ich wie üblich diesen anschmeißen wollte, bemerkte ich links am Motor eine Flüssigkeit entlanglaufen. Langsam, aber bemerkbar füllte die Bilge sich mit der mysteriösen Flüssigkeit. Captain Silver meinte, das sei alles normal. Kein Schiff hätte eine perfekt trockene Bilge und pumpte die Flüssigkeit einfach aus dem Boot. Über die Tage hinweg füllte sich die Bilge immer und immer wieder. Es war schon lang nicht mehr nur ein bisschen. Literweise träufelte dort etwas hinein. So langsam wurde auch er etwas misstrauisch.

Zusammen mit Jorma verfolgte ich die Spur bis zu unserem Tank. Unserem Dieseltank! Endlich konnten wir uns den übertriebenen Dieselgestank erklären. Uns lief literweise Diesel ins Boot. Wir schlossen die Schläuche beider Tanks und hofften darauf, dass es das Problem beheben würde. Es blieb uns leider nichts anderes übrig, als erneut die Bilge auszupumpen. Allein in den ersten paar Tagen verloren wir deshalb mehr als 700 Liter Diesel. Was dem Meer nun auch nicht unbedingt guttat. Wir verbrachten Stunden damit, das Loch in den Tanks oder den Schläuchen zu suchen. Vergebens. Jeden Morgen waren wir gezwungen, mehrere Liter aus dem Boot zu pumpen.

Jack hatte als erstes Bedenken bekommen und erwähnte, ob es nicht besser wäre, umzudrehen.

»Wenn uns der Diesel ausgeht, haben wir ordentlich Probleme«, merkte Jack besorgt an. Damit hatte er nicht unrecht.

»Kolumbus hatte auch kein Diesel und er hat es ja auch geschafft«, entgegnete Jorma lachend.

Schließlich war diese Entscheidung zunächst wieder vom Tisch.

»Vom Umkehren soll erstmal keine Rede sein! Wir müssen nur dieses Dieselproblem in den Griff bekommen«, meinte Jorma selbstsicher und stapfte wiederum in den Motorraum, um die undichte Stelle im Tank zu finden.

Inzwischen war bereits der fünfte Tag auf dem offenen Meer angebrochen. So langsam wurden unsere Schichten Routine. Unser Tagesrhythmus wurde zum Alltag. Einmal am Tag aßen wir alle zusammen. Meisten gegen 16:00 Uhr UTC-Zeit, dies war der einzige kurze Zeitpunkt, wo wir wirklich alle zusammen wach waren. An diesem Tag gab es ein Fleur-Spezial: Reis mit Hühnchen-Curry.

Eins musste man ihr lassen, sie konnte verdammt gut kochen. Sogar auch unter diesen Bedingungen, was bestimmt nicht jedem so gelang. Ich hatte mich ja auch einige Tage bei solch einem Wellengang abgemüht. So leicht von der Hand wie ihr ging mir das aber nie. Dennoch hörte man sie ab und an auf Französisch wild fluchend umherkrakeelen, wenn wieder mal etwas runterfiel, oder die Zwiebeln durch das Schaukeln auf die andere Seite kullerten.

Hin und wieder wechselten wir uns mit Fleur beim Kochen ab. Der Captain konnte trotz seiner vielen ungewöhnlichen Esseigenschaften ausgezeichnet kochen. Rahim zauberte eine unschlagbare Lasagne auf den Tisch. Jorma hatte mit all den technischen Problemen genug zu tun, da war er froh, wenn er nicht auch noch kochen brauchte. Seine Verkabelungen im Cockpit unter dem Armaturenbrett waren immer noch nicht abgeschlossen. Dann war da noch das große Dieselproblem, wo er versuchte herauszufinden, welcher Tank oder welcher Schlauch denn nun wirklich ein Loch versteckte. Das alles war gar nicht so einfach. Um an gewisse Punkte im Schiff heranzukommen, musste man den Holzboden herausnehmen oder in die hintersten Ecken kriechen. Dies überließ er häufig mir oder Rahim. Er war ja sichtlich nicht mehr der Jüngste.

Nach unserem gemeinsamen Mittagessen wurde der Wind immer weniger. Wir schafften es gerade so, die drei Knoten zu halten, was nur fünfeinhalb

Kilometer pro Stunde entsprach. Wir bewegten uns im Schneckentempo voran, aber hey, es ging wenigstens in die richtige Richtung.

Es war aber ein wunderschöner Nachmittag. Die Sonne knallte von einem wolkenlosen blauen Himmel auf unsere Köpfe. Das Meer war ruhig und wir glitten langsam voran.

Fast zur gleichen Zeit hatten Rahim und ich die gleiche Idee. An solch einem warmen sommerlichen Nachmittag brauchte man eine Erfrischung. Rahim band einen Fender an ein langes Seil und befestigte diesen am Heck des Schiffes. Noch ein Seil um seinen Bauch. Platsch! Er sprang jubelnd ins Wasser.

Sofort band ich mir auch ein Seil um die Hüfte und machte es ihm nach. Nach wenigen Augenblicken riss mich das Seil mit. Das Schiff zog uns hinterher.

Als ich dann so in die Tiefe des Ozeans schaute, kam ein mulmiges Gefühl in mir auf. Dort war nur Leere. Mein Blick verlor sich nach wenigen Metern im tiefblauen bis schwarzen mysteriösen Ungewissen dort unten. 4000 Meter ging es hinunter. Auch Fleur gesellte sich zu uns und sprang einige Male in den Ozean. Ich hörte das Zischen einer Bierdose. Jack stand amüsiert am Heck, neben ihm Jorma, der weitaus kritischer alles überblickte. Penibel achtete er darauf, dass wir alle ein Seil umgebunden hatten.

Fucking Amateurs

KAPITEL 15

DER STURM

Tiefschwarze Nacht. Obwohl wir mitten auf dem Atlantik waren, konnten wir keine Sterne sehen. Mit jeder Welle sanken wir so tief, dass wir nicht einmal den Horizont erspähen konnten. Tosender Wind peitschte über die Planken. Eine Welle traf uns direkt von vorne. La Salope zerschmetterte diese und sank mit dem Bug zwei Meter hinunter. Keine Sekunde später prallte die nächste Welle direkt auf uns zu. Nun ging es hoch. Es schien, als würden wir für eine Sekunde fliegen, gar in der Luft stehen bleiben, was gleich danach durch einen gewaltigen Aufprall unterbrochen wurde. Ich stürzte zu Boden. Gerade noch so hielt ich mich am Hauptmast fest.

Die Gischt spritzte eine enorme Menge Wasser über das gesamte Schiff. Das Genua flatterte mit lautem Knallen unkontrolliert im Wind. Captain Silver stand breitbeinig am Steuerrad und versuchte, gegen das Drehen des Schiffes anzukämpfen. Jorma kniete mit seinem rotweißen Overall am Staysail und schrie – was genau, konnte ich nicht verstehen. Rahim und Jack standen etwas näher zu mir, mit den beiden Sicherheitsleinen eingeklinkt in der Reling. Jorma und ich hatten uns ein Seil umgebunden, um dem Über-Bord-Fallen vorzubeugen.

»Die Halyard, die Halyard!«, schrie mir Rahim panisch zu. »Für das Staysail!«

Ich zog mich am Mast hoch. Ich griff nach dem Seil und löste es, um das Staysail zu raffen.

»Mehr, mehr!«, brüllte Jorma. Ich machte schon so schnell, wie es nur ging. Inzwischen hatte ich schon mehr als zwei Meter Seil losgelöst. Das Staysail bewegte sich kein Stück. Abermals überrollte uns eine ordentliche Wassermasse. Ich schmeckte das salzige Wasser und verschluckte mich.

»Mehr, mehr, verdammt noch mal, mehr!!!«, schrie mir Jorma nun mit aller Kraft entgegen. Sie zogen zu dritt am Segel, doch nichts passierte. Nervös versuchte ich, was ich nur konnte. Das Genua flatterte unglaublich wild umher. Heftiger und lauter als je zuvor. Dieses donnerartige Geräusch übertönte alles, was uns umgab, auch das Brüllen des Captains, der heftig mit den Armen umherwedelte.

Es war ein Tag wie alle anderen gewesen. Relativ guter Wind, Sonne und flaches Meer. Wir trieben gemütlich vor uns hin. Durch unser kleines „Windproblem" waren wir etwas nördlicher geraten als geplant. Der Captain hatte gesagt, wir müssten mehr im Zickzack segeln. Dennoch ging es grob in Richtung Karibik.

Es war Essenszeit. Die beste Zeit beim Segeln. Heute war ich besonders hungrig. Ich hatte das Frühstück ausgelassen, da ich Jorma bei irgendetwas Wichtigem im Motorraum helfen musste. Heute gab es Omeletts und ich schlug ordentlich zu. Selbst als meine Portion aufgegessen war, machte ich mir noch Müsli und ein paar Sandwiches. Von diesem Tag an wurde ich als Vielfraß abgestempelt.

Nach dem Essen begann meine Schicht. Diesmal mit dem Captain. Zu Beginn hatten wir wenig Wind und glitten über das flache Meer dahin. Nach dem Ausstellen des Generators warf ich einen Blink in die Bilge. Es wurde nicht weniger. Weiterhin tropfte langsam, aber stetig, Diesel am Motor entlang. Wir hatten das Loch nicht finden können. Also war ich gezwungen, wiederum mehrere Liter Diesel aus dem Schiff zu pumpen. So konnte es nicht weitergehen. Unser

Vorrat in den Tanks wurde weniger und im schlimmsten Fall würde uns das noch viel größere Probleme bereiten, als wir jetzt schon hatten.

Die Sonne begann unterzugehen. Jeder Sonnenuntergang war so einzigartig und unterschiedlich, dennoch hatten sie alle das gleiche magische Etwas. An diesem Tag hatte Mutter Erde für uns ein besonderes Farbenspiel vorbereitet. Durch eine leichte Wolkenwand leuchteten uns stark rot-orange, leicht lila-bläuliche Farben entgegen. Die Meeresoberfläche funkelte gigantisch, als würden zwei Himmel in einem verschmelzen. Nur durch genaues Hinsehen konnte man den Horizont verschwommen in der Ferne erkennen.

Dort entdeckte Jack einen schwarzen Punkt, der stetig größer wurde. Langsam, aber zügig kam er unserem Schiff immer näher. Seit drei Tagen erspähten wir zum ersten Mal wieder ein Containerschiff. Ein Lebenszeichen, dass wir nicht allein auf diesem Ozean schwammen. Das Schiff steuerte direkt auf uns zu. Das Funkgerät rauschte:

»Stchst, Stchst, La Salope, La Salope, La Salope, this is Sisco, Sisco. Könnt ihr mich hören?«

Etwas verunsichert rief ich den Captain. Er antwortete. Sie checkten, ob bei uns alles ok war, dann rauschten sie mit hoher Geschwindigkeit wieder davon und hinterließen einige Wellen, die uns ordentlich durchschaukelten.

Die Sonne war bereits untergegangen. Hinter uns funkelten die Sterne prachtvoll wie eine große schwarze Wand mit vielen kleinen weißen Punkten. Um mir die Zeit zu vertreiben, stellte ich den Autopiloten ab und segelte manuell weiter. Es machte mir unglaublich viel Spaß. Ich verbrachte Stunden nur damit, das Boot zu steuern. Anscheinend hatten wir die kleine Flaute hinter uns gelassen.

Der Wind wurde stärker und wir kamen ordentlich voran. Wir hielten durchschnittlich sieben Knoten. Ich spürte das Lenkrad in meinen Händen. Es wurde immer schwerer, das Schiff durch die Wellen gerade zu halten. Ab und an krachten wir gegen eine Welle, was den Bug mehrere Meter drehte. Dann hieß es schnell gegenlenken. Jetzt durfte ich keinen Fehler machen. Wir rasten weiter. Inzwischen waren wir bei 8 1/2 Knoten angekommen. So langsam kam das Schiff an seine Grenzen. Captain Silver meinte, dass er einmal 13 Knoten rausgeholt hätte, aber das würde er ungern wiederholen.

»Für solche Geschwindigkeiten ist sie einfach nicht gebaut!«, erklärte er mit einem misstrauischen Blick zu mir. Ich konnte nicht verhehlen, wie aufgeregt ich war. Mit breitem Grinsen, welches sich über mein gesamtes Gesicht zog, steuerte ich weiter.

Ich sollte den Windsensor gut im Auge behalten. Inzwischen hatten wir einen Wind von 15 Metern pro

Sekunde, was 25 Knoten entsprach. Ich stand aufrecht und lenkte ununterbrochen. Steuerbord in einer Sekunde danach musste ich das Lenkrad schnell mehrmals nach Backbord drehen. Wir knackten die 10-Knoten-Marke. Wie ein Pfeil schossen wir durch die tosende See. Ein lauter Knall. Die Schiebetür zum Heck rutschte und schlug mehrmals mit einem lauten zerstörerischen Rumsen auf und zu.

»Das könnte zu einem Problem werden«, gab der Captain besorgt von sich und übernahm das Steuerrad. Das Knarren des Schiffes wurde immer lauter. *Rumm, Pumm, Pumm*! Es hörte sich an, als würde irgendetwas richtig Schweres im Schiff umherfliegen. Mit jeder Welle auf die andere Seite. Das Holz knarrte zornig und wir wussten, La Salope war an der Grenze des ihr Möglichen. Plötzlich: Ein Knallen aus der Kombüse!

»Schau, was da los ist!«, befahl mir der Captain. Nun stand er konzentriert vor dem Steuerrad und versuchte, das Schiff in einer Linie gegen die Wellen zu halten. Ich hielt mich fest, um nicht vom Wellengang durch das Schiff geschleudert zu werden. Langsam öffnete ich die Tür zur Kombüse. Die Schublade war herausgeflogen. Die Sicherung gebrochen. Besteck schmetterte auf dem nassen Boden umher.

»Warum zum Teufel …? Warum ist der Boden nass?«, fragte ich mich, als ich versuchte, alles aufzuheben und irgendwie zu verstauen. Das Boot neigte sich stark auf die Backbordseite. Durch die Bullaugen sah ich, wie diese im Meer untertauchten. In Augenblicken ging es wieder auf die andere Seite. Fast ließ mich der nasse Boden fallen. In letzter Sekunde hielt ich mich an einer der Arbeitsflächen fest. Aber erbarmungslos legte sich das Boot bereits wieder in die andere Richtung. Die Bullaugen verschwanden unter dem Meeresspiegel und durch das vordere spritzte etwas Wasser. Eine Luke, in der wir Vorräte lagerten, stand unter Wasser. Der Rest wurde durch das Schaukeln auf den Boden gespült. Die Luke hatte ein Leck. Natürlich, auch das noch! Die Gummierung war alt und riss. Großflächig legte ich Handtücher aus, die das Wasser aufsaugen konnten. Nur eine temporäre Lösung.

»Darum kümmern wir uns, wenn der Scheiß hier vorbei ist«, rief der Captain mir zu, ohne die Segel aus den Augen zu lassen.

Es war kurz vor Mitternacht. Von dem sonst so klaren Sternenhimmel war nichts zu sehen. Nur die helle Sichel des Mondes funkelte durch die grauen Wolken. La Salope zerschmetterte weiterhin Welle um Welle. Sie schleuderte uns quer durchs Boot. Die Couchbezüge waren im gesamten Innenraum verteilt. Alle Seile auf höchster Spannung. Die Wellen wurden immer größer. Ich glaube, dies war der Moment, in dem ich ängstlich hätte werden sollen, aber nein. Ich verspürte weder Angst noch Unwohlsein. Ich hatte Lust, Abenteuerlust! Ich war aufgeregt! Mein Herz schlug schnell, ich konnte meinen Puls schlagen hören. Vollgepumpt mit Adrenalin, sowas hatte ich noch nie erlebt.

La Salope knarrte immer lauter und unerbittlicher. Es hörte sich an, als würde sie jede Sekunde auseinanderfliegen. Erstaunlicherweise genoss ich jede Welle, die uns entgegenkam, mit einem lachenden Gesicht.

Unsere Schicht war zu Ende, beruhigt hatte die See sich aber noch lange nicht. Jorma und Rahim bekamen eine detaillierte Übergabe. Sollte der Wind noch weiter zunehmen, müssten wir handeln. Der Captain wollte aber keine gewagten Manöver in diesem sturmartigen Wind veranlassen. Eine falsche Bewegung in dieser tiefschwarzen Nacht und es wäre vorbei. Niemand könnte einen Überbordgegangenen in solch einem Unwetter je wiederfinden. Es war nur die dünne Glasfaserwand, unsere Planken, unsere Seile, unser Schiff, das uns am Leben hielt. Nur diese kleine Schale mitten im Ozean, die jetzt gegen einen Sturm anzukämpfen hatte.

Mit einem aufgeregten Kribbeln im Bauch legte ich mich in meine Koje und versuchte, etwas Schlaf zu finden, was bei dem Wellengang unmöglich war. Immer wieder hörte ich die raue See neben mir an die Schiffswand klopfen. Mit jedem Neigen des Schiffes spürte ich die Geschwindigkeit, mit der wir segelten, und die Wassermassen, die sich gegen den Rumpf drückten.

Ein starkes Hämmern an meiner Tür weckte mich aus meinem Halbschlaf.

»Felix, aufwachen! Wir haben ein riesiges Problem! Jetzt steh auf, du hast eine Minute!«, brüllte Jack. Es war halb vier Uhr nachts. Verknautscht griff ich nach meiner Hose. Noch schnell die Schuhe. Ich platzte aus der Tür, die direkt durch den starken Seegang wieder zuknallte. Ich hetzte die paar Stufen hoch. Rahim saß auf der Couch. Der Captain saß auf dem Cockpit-Stuhl und diskutierte laut auf Schwedisch mit Jack und Jorma hin und her. Ich verstand nichts.

»Was ist passiert?«, fragte ich Rahim hastig.

»Das ist schlimm«, antwortete er nur.

An unsere Fenster spritzte eimerweise Wasser. Ich schaute hinaus. Ich sah nichts außer einer riesigen Wassermenge. Gerade waren wir im Wellental. Einen Atemzug später stiegen wir mit genau dieser Welle auf. Kurz erspähte ich das peitschende Unwetter. Weißer Schaum bildete sich am Kamm jeder Welle. Bevor ich aber mehr sehen konnte, ging es wieder bergab.

»Festhalten!!«, schrie Captain Silver, als er manuell gegenlenkte. Mit einem starken Aufprall flutete abermals eine Unmenge Wasser über das gesamte Schiff.

Mehrmalig hörte ich ein unkontrolliertes Knallen auf dem Deck des Schiffes. Mit einem entsetzten Blick schaute ich aus dem Fenster der Backbordseite. Dort sah ich es, immer wieder, hinter dem Captain auf unser Deck prallen. Hemmungslos flatterte das Genua umher. Eine mehr als zwei Meter lange Holzplanke, an der der Track für das Genua befestigt war, brach aus dem Schiff heraus. Mehrere Metallstäbe, die die Reling hielten, flogen durch die Luft. Das Genua Sheet war alles, was den Track, die Holzplanke sowie die herausgebrochenen Metallstäbe daran hinderten, über Bord zu gehen.

»Festhalten!«, schrie der Captain erneut.

Die rausgerissene Holzplanke stieg mehrere Meter in die Luft und verfehlte das Fenster, an dem er saß, nur um wenige Zentimeter.

Jorma sagte in seiner bekannt monotonen Stimme: »Das müssen wir reparieren.«

»Verdammt richtig!«, dachte ich mir. Jetzt! Sofort! Jede Sekunde könnte unser Fenster zerstört werden, vielleicht schlimmer – die Planke könnte uns ein Loch in den Rumpf schlagen. Rahim und ich waren bereit, bereit, dort rauszugehen. Wir warteten nur auf die Anweisung des Captains.

»Wir müssen jetzt überlegen und alles richtig machen«, äußerte der und griff nach einem kleinen Döschen hinter dem Tisch. Ich wusste, was dort drinnen war. Aber das konnte nicht sein! Ohne die Augen von den Segeln zu lassen, diskutierte er eifrig auf Schwedisch weiter. In seiner Hand rollte er mit dem Inhalt des Döschens den fettesten Joint, den ich je gesehen hatte.

Das Schiff begann auseinanderzubrechen – verdammt, es riss bereits auseinander –, aber Jorma und der Captain fingen an zu kiffen?

Ohne zu wissen, was ich machen konnte, saß ich ratlos neben Rahim und schaute zu den drei Schweden. Hinter ihnen prallte mit jeder zweiten Welle die Planke mit einem harten Schlag auf unser Deck.

Mit den letzten Zügen des Monsterjoints, hatten wir einen groben Plan. Jeder kannte seinen Job und wir waren alle bereit, uns hinauszuwagen, bis auf Jorma.

»Moment noch! Ich muss mich noch umziehen gehen!«, verkündete er. Jorma stapfte mit seinen schwarzen Hausschlappen hinunter zu seiner Koje.

Schnell besprachen wir die letzten Kleinigkeiten und warteten auf Jorma, dass er endlich fertig würde. Ununterbrochen knallte die Holzplanke gegen das Schiff. Der Wind schien nicht nachzulassen und ließ das Genua weiter wild umherflattern. Nach zehn Minuten war Jorma noch nicht fertig. Dadurch wurde Jack immer nervöser und schrie ihm was auf Schwedisch entgegen. Anhand des Tones war klar, seine Geduld war am Ende. Aber wir warteten und warteten.

Jorma kam nicht aus seiner Kajüte. Wir alle waren bereit und schauten dabei zu, wie das Boot weiter zerstört wurde, wie uns Welle um Welle traf und das gesamte Schiff erzittern ließ.

Nach gefühlten fünfzig Minuten kam Jorma die Treppe hochgestapft. Voll eingekleidet in einem rotweißen Overall und schweren wasserfesten Stiefeln und verkündete:

»Ich bin bereit! Lasst uns die Segel runternehmen!«

Da wir nur zwei Sicherheitsleinen hatten, knoteten Jorma und ich uns beide jeweils ein Seil um, welches wir mit einer sicheren und schnellen Bowline am Schiff befestigten. Wir zogen die Schiebetür auf. Sofort peitschte der Wind erbarmungslos in unsere Gesichter. Langsam erkämpften wir uns den Weg zu unseren Posten. Ich hielt mich fest, so fest wie ich es nur konnte. Eine falsche Bewegung und die See würde mich mit ihrer tiefschwarzen Masse verschlucken. Nach wenigen Minuten waren wir klitschnass, aber Zeit, sich darüber Gedanken zu machen, war keine. Die anderen drei gingen zum Staysail. Dieses Segel sollten wir zuerst bergen.

Ich knotete mich am Hauptmast fest, mehrere Male kontrollierte ich das Seil, an dem mein Leben hing. Wieder sanken wir mit dem Seegang tief ins Wellental, sodass wir nur noch Wasser um uns herum sehen konnten. Augenblicklich krachte die nächste Welle auf uns zu. Es ging hoch. Es schien, als würden wir für eine Sekunde fliegen, gar in der Luft stehen bleiben, was gleich durch einen gewaltigen Aufprall unterbrochen wurde. Wassermassen überschwemmten den Bug, wo Jorma, Jack und Rahim sich auf Knien an irgendetwas festhielten. Ich stürzte und umklammerte den Hauptmast, so fest ich nur konnte. Hektisch schrien Jorma und Jack umher.

»Die Halyard, für das Staysail, jetzt!«, verstand ich von Rahim.

Mit zitternden Händen nahm ich all meinen Mut zusammen, löste meinen umklammernden Griff vom Hauptmast und nahm das stramme Seil vom Hacken und versuchte damit, das Segel herunterzubekommen.

»Mehr, mehr!«, brüllte mir Jorma entgegen, als sie immer wieder am Staysail zogen. Doch das Segel bewegte sich kein Stück. Captain Silver fuchtelte wild mit seinen Armen umher.

»Fuuuuuuucckkkk!«, schrie ich, als ich bemerkte, was ich angerichtet hatte.

Es war die falsche Leine gewesen. Anstatt das Staysail runterzulassen, hatte ich in der Schnelle versehentlich die Halyard des Genuas in meiner Hand. Es rutschte zwei Meter hinunter. Es knallte hin und her, wie ich es noch nie gesehen hatte. Die Holzplanke tauchte nun immer wieder ins Wasser und schlug mit heftiger Wucht gegen die Schiffswand.

»Helft mir, helft mir, sofort!«, versuchte ich das donnerartige Knallen des Genuas zu übertönen.

Der Captain riss nun umso fester das Steuerrad in die eine und kurze Augenblicke später sofort wieder in die andere Richtung. Durch dieses kleine Ungeschick hatte ich uns alle in Gefahr gebracht. Das Genua schlug aus und verfehlte Jorma, der gerade sein Seil neu festknotete nur haarscharf. Alle drei stolperten nun auf mich zu. Auf Jormas Zeichen hin versuchten wir, das Genua zu strecken.

»Hipp, hipp, hey!« Wir vier zogen alle, so fest wir konnten, an der Halyard. Das Genua bewegte sich kein Stück nach oben. Abermals knallte die Holzplanke gegen unsere Schiffswand. Das Sheet hatte sich dort zwischen der Metallreling verhakt, sodass es unmöglich war, das Segel zu straffen, bevor wir das nicht behoben. Für eine kurze Zeit übernahm Fleur, die vorher dem Captain geholfen hatte, alle wichtigen Instrumente im Blick zu behalten, das Steuerrad und versuchte uns sicher durch die großen Wellen zu befördern. Captain Silver stieg ohne Sicherheitsleine in die Todeszone, wo er jederzeit von der Holzplanke getroffen werden konnte. Mit beiden Armen hielt er sich an der Holztür fest und versuchte mit seinen Füßen, das Seil von der Schlinge zu befreien. Erst beim dritten Versuch gab er uns das Signal und Jorma wies uns an.

»Hipp, hipp, hey!«, schrie Jorma mit unerbittlicher Stimme. Durch gemeinsame kräftige Züge gelang es uns nun, das Genua halbwegs in die alte Position zu bringen, aber jetzt mussten wir dringend das Staysail herunterbekommen.

Nachdem wir das geschafft hatten, saßen wir drinnen. Komplett nass. Das Salzwasser tropfte von unserer Kleidung auf den hölzernen Boden. Zum ersten Mal verspürte ich eine geladene Anspannung in der Luft. Ein weiteres Mal hatten wir ein neues Problem, diesmal aber war ich der Auslöser gewesen. In der Schnelle und gegen die Kräfte des Windes konnten wir das Genua nicht so strecken, wie es sein sollte. Nun war es wesentlich schwieriger, dieses einzurollen.

Jorma war außer sich und fing an zu fluchen: »Verdammte Anfänger, dass muss man doch wissen! Dann schaut man eben mal nach oben und guckt, zu welchem Segel welches Seil gehört!«

Ich wusste genau, jetzt musste ich den Mund halten. Verlegen schaute ich zu Rahim, der mir auf Deutsch Mut zuredete.

»Jorma, beruhige dich wieder, jeder macht mal einen Fehler. Es bringt nichts, einen Schuldigen zu suchen. Wir überlegen uns jetzt, wie wir die Situation in den Griff bekommen«, verteidigte mich der Captain. Dennoch fühlte ich mich schlecht. Immer wieder ging mir die Szene durch den Kopf. Warum hatte ich nicht einfach die richtige Leine genommen?

Da wir durch meinen Fehler bis jetzt nur ein Segel herunterbekommen hatten, wurde es Zeit für das Mizzen. Dafür mussten wir auf das Dach klettern. Direkt erklärte ich mich bereit, diesen Part zu übernehmen, schließlich hatte ich noch was gutzumachen. Diesmal zog ich mir eine richtige Sicherheitsleine an. Rahim und Jorma standen dieses Mal an der Halyard.

Ich kletterte auf das rutschige Glasfaserdach. Dem wohl höchsten Punkt des Schiffes den man, ohne auf den Mast zu klettern, erreichen konnte. Nur die kleine LED-Lampe oben am Mast gab mir ein bisschen Licht. Als ich dort oben stand, wurde mir eines bewusst. Es waren nur wir, umringt von absolut nichts außer Wasser. Ein kleines Licht in der tiefschwarzen Nacht auf dem Ozean. Ich hakte mich in eine der Shrouds vom Mizzenmast ein. Mit jeder Welle umklammerte ich den Boom, den horizontalen Mast, so fest ich nur konnte, danach zog ich an dem Segel. Je tiefer es kam, desto schwieriger wurde es, auf einer Stelle stehen zu bleiben. Der Boom bewegte sich nun von rechts nach links. Nichts stabilisierte ihn mehr. Jorma und Rahim zogen so fest an der Sheet, wie sie nur konnten; in der Zeit packte und knotete ich das Mizzen so fest zu, dass der Wind nun keine Chance mehr hatte.

Jetzt, nach all diesem Stress, konnten wir uns endlich um das Genua kümmern. Zum Glück war die See etwas ruhiger geworden. Die Wellen waren schon wesentlich kleiner. Es war unmöglich, das Genua so aufzurollen wie üblich, da es keine Spannung mehr hatte und nur unkontrolliert im Wind flatterte; außerdem ließ es die Holzplanke immer wieder auf- und abknallen. Jorma wurde ans Steuer geschickt. Ich versuchte, mit der Handkurbel die Winde zu bedienen und somit die Furler-Leine einzuziehen, so gut wie es nur möglich war. Jack sollte das Sheet im Auge behalten, dass es nicht verhakte. Rahim stand an der zweiten Winde, bereit zu bedienen, falls nötig. Captain Silver war mit Sicherheitsleine und Schwimmweste ausgerüstet und saß ganz vorne auf dem Bugspriet des Schiffes. Fleur sollte die Planke im Blick behalten und sich laut melden, wenn es wieder verhakte.

»JETZT!«, schrie der Captain in befehlendem Ton. Mit aller Kraft, die noch in meinen Armen war, kurbelte ich an der Furling-Leine. Es funktionierte, das Genua rollte sich ein. Abermals flatterte das Segel mehr als zuvor. Es war nun zur Hälfte eingerollt, doch jetzt ging es nicht mehr weiter. Die Furler-Leine stand unter Hochspannung, weiter ging es aber nicht. Unsere Blicke gingen zum Captain, der gerade von einer Bugwelle überschwemmt wurde. Das Seil war aufgebraucht, wir konnten es nicht weiter aufrollen, da musste irgendetwas in Las Palmas schiefgelaufen sein, als wir das Segel reparieren ließen.

Nun befahl der Captain »TURN!!!« und wir wussten alle, was zu tun war. Jorma riss das Steuerrad herum. Das Schiff begann sich um 180 Grad zu drehen. Ich gab Rahim die Handkurbel für die Winde und nun legte er sich mit aller Kraft ins Zeug, um das Sheet auf der Steuerbordseite auszurollen.

In der Ferne hinter dem Horizont bahnten sich die ersten warmen Sonnenstrahlen den Weg über das Wasser. Die See war ruhig geworden, der Wind hatte nachgelassen. Das Genua war auf der anderen Seite. Jack pickte die zerbrochenen Überbleibsel der Backbordseite auf und verstaute den herausgerissenen Balken sicher unter Deck.

»Den werden wir noch für die Reparaturen brauchen«, sagte er.

Ich sank zu Boden. Komplett am Ende meiner Kräfte. Todmüde. Die Kleidung klebte an meiner kalten Haut. Ich legte mich mit dem Rücken aufs Deck und beobachtete die Sonne, wie sie vor mir zwischen orange-blauem Himmel und Meer ihren Weg nach oben fand. Eine frische, salzige Brise stieg mir in die Nase.

Es war ruhig, es war idyllisch, als hätte es diesen Sturm nie gegeben. Es gab nur die herausgebrochene Planke, die verbogenen Metallstäbe, große grobe

Holzsplitter und unsere durchnässte Kleidung, die uns daran erinnerten.

Jorma stapfte zu mir. Ich dachte, er wäre immer noch wegen des Segels sauer auf mich. Aber er klopfte mir stolz auf die Schulter.

»That was fun, right?«, meinte er.

Etwas ungläubig schaute ich ihn an und er erklärte mir strahlend:

»A calm sea never made a skilled sailor!« Dabei lachte er und steckte mich damit sofort an. »Wir leben, wir können lachen. Was brauchen wir mehr, um glücklich zu sein?«, damit verabschiedete er sich in seine Kajüte.

Nun segelten wir nach Osten, in die komplett falsche Richtung.

KAPITEL 16

SEGELN WIE KOLUMBUS

Ungefähr 600 Seemeilen hatten wir nun bereits hinter uns gelassen. Ein Viertel unserer Reise über den Atlantik. Es war der sechste Tag auf der Mitte des Ozeans, umringt von endlosen Wassermassen. Wir trieben vor uns her. Nach dem großen Spektakel der letzten Nacht gab es nun nichts mehr von dem so starken Wind. Unsere Backbordseite sah aus, als hätte uns eine Kanonenkugel getroffen. Dementsprechend war auch unsere Stimmung. Für uns war es leider nicht mehr die Frage, ob wir den Kurs ändern, sondern wie lange wir dafür brauchen würden. Ein Rückschlag, der uns alle bekümmerte. Wir richteten unseren Kurs Richtung Kapverden aus und hofften auf stabilen Wind, um nicht zu viele Tage auf dem Meer zu verschwenden.

Dennoch gab es keine Ruhe für uns. Nachdem wir uns mit dem unfreiwilligen Zwischenstopp, der uns bevorstand, abfinden mussten, kümmerten wir uns um La Salope. In der vergangenen Nacht hatte sie einige Schläge abbekommen. Wir klebten die zerbrochenen Schränke und Schubladen in der Küche und legten unsere Vorräte trocken. Wir verstauten die abgebrochene Planke sowie die Metallstäbe der Reling sicher in der Frontkabine und machten bereits Pläne, wie wir das repariert bekommen würden.

Wir durften nicht zu lange auf den Inseln Kap Verdes verweilen. Die Saison der Atlantiküberquerung war so gut wie zu Ende. Die Wahrscheinlichkeit von unstabilen Winden bis zu größeren Flauten wurde von Tag zu Tag immer größer. Aber erst einmal mussten wir das afrikanische Inselland erreichen. Viele Seemeilen lagen vor uns, welche wir wieder zurücksegeln mussten.

Jack lag oberkörperfrei auf der Couch im Salon und las ein Buch über sein Idol Pablo Escobar. Immer wieder betonte er, wie gut er ihn fand. Er hatte jeden Film, jede Doku, jedes Buch, tausende Artikel über ihn gelesen. Er war ein richtiger Fanboy, was er auch nicht selten preisgab. Erneut erzählte er eine neue Anekdote, warum Pablo Escobar für ihn der raffinierteste Mensch der Welt war.

Inzwischen wusste ich bereits viel über Jack. Er hatte mir bereits Hunderte von Stories erzählt; ob die nun alle der Wahrheit entsprachen, kann ich nicht sagen. Aber er schaffte es, Stories so zu erzählen, dass ich am Ende doch sehr wenig Genaues über ihn erfuhr, als wollte er sein wahres Ich nicht wirklich preisgeben. Was für ein Typ war das bloß?

Rahim startete den Generator. Mit lautem Brummen surrte der vor sich hin. Nach einigen Minuten gab Jorma ein erleichtertes Seufzen von sich und sagte:

»Wenigstens funktioniert der Generator noch, sonst wären wir richtig am Arsch.«

Kennt ihr das, sobald jemand etwas ausspricht, passiert genau das? Vielleicht sind Segler deshalb so abergläubisch. Sekunden nachdem Jorma seine Erleichterung in Worte gefasst hatte, verstummte der Generator prompt. Panisch sprang Jorma auf.

»Was zum Teufel ist gerade passiert?«, jammerte er mit schwacher Stimme und rannte hinunter in den Motorraum.

Alle Dieselleitungen waren abgedreht gewesen, um zu gucken, wo unser Dieselproblem lag. In der Schnelle und dem Chaos hatte Rahim vergessen, die Leitung für den Generator wieder aufzudrehen.

»Jetzt haben wir beide verkackt«, meinte ich zu Rahim und lachte.

Die zwei verbrachten mehrere Stunden dort unten. Da die Dieselleitung zugedreht war, kam Luft in das

System und der Generator überhitzte leicht. Doch nachdem Jorma und Rahim lange Zeit dort unten gearbeitet hatten, um den Generator wieder auf Vordermann zu bekommen, bemerkten sie das größere Problem:

Der Gleichrichter war an einer Wand befestigt. Dahinter lag die Kombüse. Durch die Wassermassen, die beim Sturm die Kombüse geflutet hatten, war Wasser durch die dünne Wand in den Motorraum geflutet. Der Gleichrichter ist dafür da, um den produzierten Wechselstrom des Generators in Gleichstrom umzuwandeln, damit die Batterien geladen werden können. Noch unwissend saßen Fleur, der Captain und ich im Salon, als Jorma kopfschüttelnd, mit Öl beschmierten Händen nach oben wankte und verkündete:

»We are fucked! We are sooo fucked!«

Das Gerät hatte einen Wasserschaden und es gab auch keine Aussicht, dass wir es auf dem Boot reparieren konnten.

»Aber wir haben ja noch den Hauptmotor, der die Batterien laden kann. Kein Grund zur Panik, Jorma«, versuchte ihn Captain Silver zu beruhigen. Selbstverständlich wollte er das sofort ausprobieren. Der Motor zündete. Die Ignition Light ging kurz an, dann wieder aus. Alles normal. Zum Glück zeigte sich Erleichterung auf Jormas Gesicht, als wäre ihm eine schwere Last von den Schultern gefallen.

»Siehst du, kein Grund zur Panik«, resümierte der Captain.

In diesem Moment leuchtete die Ignition Light so hell wie nie zuvor. Jorma riss die Augen weit auf, sodass es so aussah, als könnten sie jeden Augenblick aus seinen Augenhöhlen kullern. Er tippte ein, zwei Mal gegen die Glühbirne und richtete sich dann wieder auf. Sein Gesicht erblasste. Er setzte sich seine kleine Lesebrille auf die Nase und äußerte mit seiner bekannt monotonen Stimme:

»Now, we are gonna DIE!«

Ohne ein weiteres Wort verschwand er in seiner Koje. Etwas verwirrt sah ich den Captain an, darauf zuckte der nur mit den Schultern und teilte uns mit:

»Ich werde nicht sterben, nicht so. Nicht wegen einer Glühbirne!« Lachend baute er weiter an seinem Nachmittags-Joint und zündete ihn wenige Sekunden später an.

Nachdem Jorma für circa zwei Stunden in seiner Koje verschwunden gewesen war, hatten wir ein besonderes Krisen-Meeting. Die Möglichkeiten, die Batterien zu laden, waren erschöpft. Das bedeutete ein rationales Herunterbrechen auf die wichtigsten Funktionen, die wir brauchten. Wir mussten jetzt so viel Energie einsparen, wie nur möglich.

Der Plotter mit den Karten, der Windsensor sowie das Funkgerät mussten in Funktion bleiben. Den gesamten Inhalt der Kühltruhe im Salon leerten wir, sodass wir nur noch den halben Froster in der Küche bedienen durften. Keine Lichter, jeder musste eine Taschenlampe benutzen. Kein Radio, keine Musik und, was für den Captain wohl das Schwierigste war, kein Wasserkocher für seinen geliebten Cappuccino. Zweimal am Tag erhitzten wir etwas Wasser über dem Gasherd, damit wenigstens jeder einen Kaffee am Tag trinken konnte. Gesteuert wurde nur noch per Hand, kein Autopilot.

»Der verbraucht einfach zu viel Energie«, bekräftigte Jorma, als er uns seine Liste vorlas. »Ah, und alle Pumpen werden nur so wenig wie möglich benutzt. Das bedeutet, duschen nur mit Seewasser. Wasser nur benutzen, wenn es absolut notwendig ist.«

Jack fragte sarkastisch: »Scheißen wir jetzt in einen Eimer, oder was?«

Darauf antwortete Jorma in besorgtem Ton: »Noch nicht, vielleicht aber bald.«

Wenn etwas schiefläuft, dann richtig! Durch das Seewasser, das durch die Küche eingedrungen war, und das immer noch vorherrschende Dieselproblem war die Bilge wieder gefüllt. Wir hatten keine andere Wahl, als die Bilgepumpe anzuschmeißen. Nachdem diese fünf Minuten lief, das Wasser-Dieselgemisch aber nicht weniger wurde, hatten wir ein weiteres

Problem. Diese Pumpe war auch kaputt. Gefühlt war alles auf diesem Schiff kaputt. Die 230-Volt-Pumpe konnten wir nicht bedienen, da der Generator nicht mehr anging. Die Motorpumpe war nur wenige Stunden nach dem Ablegen von Las Palmas gebrochen.

Wir besaßen also drei Pumpen, aber nicht eine konnten wir jetzt benutzen. Die einzige gute Nachricht, wir hatten eine Ersatzpumpe, welche wir an das 24-Volt-System anschließen konnten. Aber dafür brauchten wir die Schläuche und Kabel der angeschlossenen Pumpe, die wiederum am Boden der Bilge festgeschraubt war, nicht zu erkennen irgendwo unter dem schwarzen Dieseldreckgemisch. Nicht dass wir nicht schon genug Probleme hatten, mussten wir jetzt diese Bilge auch noch leer bekommen.

Wir entnahmen die Bodenbretter, um auf direktem Wege die Bilge zu erreichen. Sofort stieg mir der dominante Dieselgeruch in die Nase, sodass ich nur noch durch den Mund atmen konnte. Die Eimer waren zu breit, um von hier die verwinkelte Bilge zu erreichen. Deshalb nahmen wir uns zwei leere Fünf-Liter-Wasserflaschen. Das gesamte Gemisch war durch den Ruß, der weiterhin in den Ritzen und unter dem Boden vorhanden war, komplett schwarz eingefärbt. Ich saß auf der Kante und drückte eine Wasserflasche nach der anderen mit einem langen Holzstab hinunter in das tintenschwarze Wasser. Über Stunden leerten wir damit die Bilge. Durch den Wellengang wurde es immer schwerer, die Flaschen durch die kleine Öffnung zu füllen. Ich fühlte mich – wie in einem Film – auf einem sinkenden Schiff, wo man mit allem, was einem zur Verfügung steht, das eindringende Wasser so schnell wie möglich raus auf das weite Meer schippt.

Nachdem wir die Bilge so gut wie möglich geleert hatten, mussten wir die neue Pumpe installieren. Da ich der Jüngste und der Kleinste war, wurde selbstverständlich ich mit dieser Aufgabe beauftragt. Ich zog meine Badehose an, welche schon durch das Rußputzen in Gibraltar verdreckt war. So quetschte ich mich an der Seite des Hauptmotors entlang in die kleine Bilge hinein. Meine Füße verschwanden in der schwarzen Dieselmasse. Gekrümmt zog ich mich Richtung Bilgepumpe. Ich entkabelte diese und schraubte die Schläuche ab. Außer Diesel roch ich nichts mehr. Da ich durch den Mund atmete, konnte ich den Diesel sogar schmecken. Es war eng, ich konnte kaum atmen und fühlte mich unglaublich eklig. Meine Badehose tränkte sich bereits mit Diesel. Jorma reichte mir die neue Pumpe. So schnell, wie es nur ging, befestigte ich sie. Ich wollte nur noch aus dieser Enge raus und weg vom Dieselgestank.

Der Energie-Shutdown ging weiter. Es musste per Hand gesteuert werden. Was anfangs für mich eine schöne Nebenbeschäftigung und Zeitvertreib gewesen war, wurde zur Alltagsroutine. Zwar wechselten wir uns regelmäßig ab, dennoch kam es häufiger vor, dass man mehrere Stunden hinter dem Steuerrad feststeckte, ohne sich wirklich bewegen zu können. Besonders wenn man die Schicht mit Jorma hatte. Er war drauf und dran, überall, wo es nur ging, Energie einzusparen.

Ihm gelang es, die Solaranlagen auf dem Glasfaserdach über dem Heck an das Batteriesystem anzuschließen. Dies war bei seinen Verkabelungen in Las Palmas untergegangen. Durch das Runterbrechen und den wenigen Strom, die uns die alten Solarpanels noch gaben, schafften wir es, die Batterien auf einem angemessenen Level zu halten. Jeden Morgen wuschen wir den Dreck und das Salzwasser von den Solarpanels ab und polierten sie mit einem Tuch, um den ganzen Tag die höchstmögliche Power herauszubekommen.

Als Jorma von seinem üblichen Kontrollgang wieder zurück in den Salon kam, verkündete er mit doch etwas beeindruckter Stimme:

»Jetzt segeln wir wie Kolumbus! Jetzt sind wir echte Seemänner!«

KAPITEL 17

JOKER MINDELO

Bevor die Sonne in der Ferne unterging, machte ich noch eine Runde über das Boot. Immer gründlicher und häufiger checkten wir das Rigging, so bezeichnet man das gesamte System von Masten, Segeln, Tauen, Shrouds und eigentlich alles, was zum Segeln verwendet wird. Wir konnten uns keine weiteren Fehler oder Überraschungen erlauben. Alles musste seine Richtigkeit haben.

Jorma und Rahim scherzten öfters darüber, ob wir nicht das Schiff reparieren und dann weiter nach Afrika Festland segeln sollten.

»Senegal, da wollte ich schon immer mal hin!«, erklärte Rahim. Das war auch gar nicht so abwegig. Wenn unsere Reparaturen zu lange dauern sollten, würden wir auf den Inseln feststecken. Genug Diesel, um die Tour allein mit Motor zu fahren, hatten wir sicherlich nicht. Besonders nicht mit unserem jetzigen

Dieseltank-Problem. Nach einigem Ausprobieren war Jorma sich aber recht sicher, dass der Tank auf der Backbordseite leckte. Leider war der Schlauch zum Befüllen beider Tanks genau an diesem angeschlossen, somit konnten wir den anderen Tank natürlich nicht separat auffüllen.

Gerade noch so konnte man die letzten Sonnenstrahlen erkennen, die von der schwarzen Nacht immer mehr verdrängt wurden. An diesem Abend leuchtete der Mond so hell an einem wolkenlosen Himmel, dass wir keine Kopflampen benötigten. Barfuß saß ich auf dem Skipperstuhl. Jorma war im Motorraum und werkelte am Generator. Alle anderen schliefen in ihren Kojen. Durch die Schiebetür zu meiner Linken wehte eine frische Brise. Die See war flach.

Die Sterne funkelten zu Tausenden am Himmel. So viele hatte ich noch nie zuvor gesehen. An der Oberfläche des Meeres spiegelte sich der Himmel mit den abertausenden Lichtern. Mehrmals atmete ich die salzige Brise tief ein. Ich lauschte dem Knarren von La Salope und dem Rauschen des Meeres, welches mich umringte. Es fühlte sich an, als würde die See mit mir sprechen. Mir flüsternd zeigen, wie atemberaubend sie sein konnte. Ein Moment der Ausgeglichenheit und Entspannung.

Kurz darauf schaute ich über die abgebrochene Planke ins Meer. Mit jedem Schwanken verdrängten wir etwas Wasser und in dem weißen Schaum kam ein blaues Glitzern zum Vorschein. Es funkelte mit jedem Brechen des Wassers. Es sah aus, als schwebte ich allein auf diesem Schiff, durch ein Meer von Sternen, umringt von bläulich glitzerndem Plankton. Als hätte La Salope magische Kräfte und wir wären auf dem Weg in ein Wunderland.

Die Tage zogen sich. Vor uns lag ein Haufen Arbeit, doch jetzt konnten wir wenig daran ändern. Wir waren unter Zeitdruck, was besonders Jorma nicht gefiel. Er bekam sich immer mit Jack in die Haare, wenn es um zeitliche Aspekte ging. Jack war der „Schnell, schnell, wir wollen ja fertig werden"-Typ und Jorma bekanntlich das komplette Gegenteil.

»Dort«, schrie Jack aufgeregt um kurz nach 12 Uhr nachts und zeigte an den Rand des Horizontes. Wir sahen die Lichter von Kap Verde in der Ferne funkeln. Wir hatten es geschafft. Nicht über den Atlantik, aber wenigstens nach Kap Verde. Wir mussten nur noch die Segel hinunterbekommen und einfach in die Bucht von Mindelo tuckern.

Dafür wurde es auch Zeit. Der Captain gab uns die Anweisungen. Erneut stapften wir in der tiefen Nacht raus aufs Deck. Diesmal jedoch war es viel angenehmer. Kein heftiger Sturm, der uns über Bord fegen wollte, keine Wellen so groß, dass wir den Horizont nicht mehr sehen konnten. Es war ruhig, nur ein leichter Nieselregen tropfte in unsere ausgelaugten Gesichter. Jorma startete den Motor und lenkte uns in den Wind. Wir rollten das Genua so weit auf, wie es nur ging. Als das Hauptsegel schon zur Hälfte gerafft war, da stoppte der Motor unerwartet. Besorgt tauschten wir ratlose Blicke aus und stürmten zu Jorma.

»Fuuuuck! Was passiert denn JETZT! Wir werden sterben!«, schrie Jorma den Geräten entgegen.

Zwar waren die Segel nun unten, aber wir drifteten nun unkontrolliert auf die spitzen Felsen der Insel zu. Unsere Charts zeigten, dass es dort immer flacher werden würde. Jorma schnappte sich Rahim und sie gingen hinunter in den Motorraum. Ab und an versuchte Captain Silver den Motor auf Jormas Anweisungen zu starten. Er sprang nicht an. Meine Augen waren schwer, meine Arme wie Blei. Mehrmals versuchte ich, mich aufzurappeln, aber ich merkte bereits ein Stechen der Übermüdung zwischen meinen Schläfen. Meine Energie war aufgebraucht.

Immer näher kamen wir den Felsen. Captain Silver wurde unruhiger, er fragte ständig nach, wie lange Jorma noch bräuchte. Nach weiteren zehn Minuten hatte er schließlich das Problem gefunden. Irgendwie kam auch hier Luft ins System. Verzweifelt pumpte

Rahim an dem Motor herum, während die Felsen immer näherkamen.

Plötzlich rauschte das Funkgerät:

»Tscchhhhht, Tschhhh, Hi, Hi Hiiihihi«, wurde in einer gruseligen Stimme gelacht, eine kurze Pause.

»I will kiiiiill youuuu!«, sang ein Unbekannter in jokerartigem Flair durch das Funkgerät.

Immer wieder wurde irgendetwas Komisches gefunkt. Wir alle sahen uns an und rätselten, was es damit auf sich hatte. Das Lachen wurde immer tiefer und verrückter. Wer zum Teufel würde nachts solche Funksprüche abgeben? Wohl bemerkt war es wohl das i-Tüpfelchen in unserer Situation. Bewegungsunfähig drifteten wir Richtung unserem wohl ersehnten Zwischenziel mit einem kaputten Schiff auf spitze Felsen zu, begleitet durch krankes Gelächter und Morddrohungen aus dem Funkgerät.

»I will kill you!«, und ein gehässiges Gelächter kamen ein letztes Mal aus dem Funkgerät, bevor die mysteriöse Stimme für immer verstummte.

Nach einer halben Stunde hatte Rahim die Luft aus dem Motorsystem herausgepumpt. Jorma versuchte erneut, den Motor zu starten. Das ersehnte Knattern ertönte. Da ich zu nichts mehr zu gebrauchen war, geschweige denn einen vernünftigen Satz herausbekam, schickte der Captain mich in meine Koje. Rahim steuerte unter Anweisung von Captain Silver in die schlechtbelichtete Bucht Mindelos.

Gerade als die ersten Sonnenstrahlen den Horizont erreichten, warfen wir unsere Leinen und befestigten La Salope am Dock. Nach zwölf Tagen auf See, fünf in Richtung Karibik schon ein Viertel über den Atlantik und sieben Tagen zurück nach Kap Verde, waren wir wieder an Land.

Nach einem guten Frühstück in der Marina Bar, die sogar auf dem Wasser schwamm, standen als Erstes eine ordentliche Dusche und eine Rasur auf der To-Do-Liste. Wir stanken unerträglich.

Aber nun, lasset die Reparaturen beginnen!

Capo Verde
Mindelo

Karibik

Altrich
Mindelo

KAPITEL 18

DER GEFANGENE

Wer Mindelo nicht kennt, kennt Capo Verde nicht. So heißt es in einem kapverdischen Lied. Capo Verde, das grüne Kap. Der Name schien nicht zwingend zu passen. Zumindest nicht zu São Vincente, der Insel, auf der wir Zuflucht suchten. Sie stellte sich als sehr karg, trocken und staubig heraus.

Mindelo gilt als heimliche Hauptstadt der Kapverden, der einstigen portugiesischen Kolonie, die seit 1975 eigenständig ist. Geographisch gesehen gehört die Republik Capo Verde zu Afrika. In Mindelo sind sie noch heute an jeder Ecke spürbar, die kulturellen Einflüsse all derer, die hier in den über 550 Jahren seit der Entdeckung Station machten: die portugiesischen Seefahrer, die auf den Inseln haltmachten, um Kohle sowie Wasser aufzufüllen, oder die englischen und niederländischen Handelsleute; außerdem ist der

Einfluss der französischen Kolonien und natürlich der afrikanischen Kultur spürbar.

Nachdem wir uns den ersten Tag in der Marina umsahen und das Boot sauber putzten, hieß es nun: Wer repariert was? Wie reparieren wir es? Und woher bekommen wir die Ersatzteile, die wir so dringend benötigten. Der Captain und Jorma machten sich auf, um einen alten Freund des Captains zu finden. Früher hatte der Captain einmal eine Lieferungsfahrt mit einem Tanker für seinen schwedischen Freund durchgeführt. Dieser wollte vor etlichen Jahren auf dieser Insel etwas aufbauen. Vielleicht konnte er uns ja helfen. Rahim und ich wurden beauftragt, Läden aufzufinden, in denen wir etwas Brauchbares für uns ergattern konnten.

Sofort als wir die Marina verließen, wurden wir von mehreren Kapverdiern angesprochen, die uns alles Mögliche andrehen und verkaufen wollten.

»Ich bin dein Mann. Ich bin dein Mann. Du brauchst was, ich kümmere mich darum«, bequatschte uns ein etwas aufdringlicher Mann mit einer roten Kappe und drückte uns noch schnell seine Nummer in die Hand, als wir in eine andere Richtung einbogen. In der strahlenden, hämmernden Hitze ging unsere kleine Tour hinein in die bunte Stadt.

An der Hauptstraße hupten unzählige Autos, die wir gekonnt ignorierten, und wir fanden den Weg zum großen Markt. Dieser führte uns durch kopfsteinge-pflasterte Straßen an deren Seiten jeweils Stände mit allem möglichen Essen aufgebaut waren. An einigen gab es etwas Frittiertes, Gekochtes, oder auch einfach Obst und Gemüse zu kaufen. Viele breiteten sogar ihre Ware auf einer kleinen Decke auf dem staubigen Boden aus. Wir drängten uns durch die handelnden Kapverdier, begleitet von einigen Hühnern, die frei in der Gegend herumliefen. Hinter einer Ecke fanden wir einen großen Fischmarkt, auf dem jeden Morgen der frische Fang des Tages verkauft wurde. Nach eini-gem Rumfragen wurde uns immer wieder ein Laden für Ersatzteile etwas außerhalb empfohlen.

Da der Tag sich dem Ende zuneigte, entschieden wir uns, noch etwas zu essen. Rahim war besessen da-von, wenn er in einem anderen Land war, so tief wie nur möglich in dessen Kultur einzutauchen. Mit seiner fröhlichen und kontaktfreudigen Art schaffte er es im-mer wieder, den Einwohnern richtige Geheimtipps zu entlocken. Ja, es war ein Talent, wie er sich lächelnd direkt mit jedem verstand und eine Bindung aufbaute. Das bewunderte ich sehr, sodass seine Art mich noch heute inspiriert, weltoffen, kontaktfreudig und interes-siert zu sein. Durch ihn sprang ich des Öfteren über meinen Schatten.

An einer abgelegenen Straße, etwas weiter entfernt vom Trubel der Stadt und des Hafens, stießen wir auf den Geheimtipp. Es war ein kleiner Laden, naja, mehr oder weniger nur eine Art Container. Wir stapften durch die kleine Tür herein und eine Schar von Arbeitern glotzte uns freundlich, aber dennoch etwas perplex an. Eine kräftige, dunkelhäutige Frau mit einem gelben Kopftuch stand hinter einem Tisch und schaufelte einem hungrigen Arbeiter gerade einen Schlag Eintopf auf einen Plastikteller.

Charmant begrüßte Rahim die Frau. Es gab zwei Gerichte zur Wahl, einmal mit Schwein und eine vegetarische Alternative. Ich entschied mich für das Schwein und nahm ein Strela, ein kapverdisches Bier, aus einer Schale mit Eis. Auf Klappstühlen zwischen Handwerkern und echten Kapverdiern aß ich mein erstes Cachupa.

Mir war das Lächeln nicht mehr aus dem Gesicht zu nehmen. Ich fühlte mich wohl und es fühlte sich richtig an, hier zu sein. Cachupa ist das Nationalgericht von Kap Verde. Es ist ein langsam gekochter Eintopf aus gestampftem Mais, Zwiebeln, Kochbananen, Maniok, Bohnen und Süßkartoffeln, oft mit Speck verfeinert, aber auch als Fischgericht oder vegetarisch möglich. Auf jeder Insel ist es das Gericht, das die Einheimischen wirklich zu jeder Tageszeit essen können. Sei es zum Frühstück, Mittag- oder

Abendessen. Viele Inseln haben ihre eigenen Variationen oder regionale Abwandlungen der Mahlzeit.

Nach diesem kleinen Abstecher führte unser Weg wieder zurück in die Marina Mindelos. Direkt links hinter dem Eingang lag die Floating Bar der Marina, die mit einer Lichterkette mit vielen Glühbirnen beleuchtet wurde. In der Mitte stand die Bar, dahinter eine kleine Küche, bei der man Kleinigkeiten zum Frühstück sowie zu Mittag bestellen konnte, außenherum viele Klappstühle mit Tischen. An einem der Barhocker saß Jack mit einem großen Bier vor sich und unterhielt sich mit dem Barkeeper, was wohl mehr oder weniger ein sehr einseitiges Gespräch war. Ich gesellte mich zu Jack, da ich sowieso noch das WLAN benutzen wollte.

Der nette junge Mann, der uns bediente, hieß Manuel. Er war 24 Jahre alt und arbeitete schon eine ganze Weile in der Marina-Bar. Als wir ihm von unserer Reise, dem Sturm und den ganzen Problemen erzählten, seufzte er:

»Oh, Mann … Ich würde auch so liebend gerne mal vereisen. Ich bin noch nie außerhalb von Kap Verde gewesen.«

»Ja, dann mach es doch!«, antworteten Jack und ich fast gleichzeitig.

»Was hält dich ab? Manuel, dort draußen wartet die ganze große Welt auf dich, die du entdecken musst«, fügte ich noch hinzu.

Für ihn war das alles aber gar nicht so einfach.

Er erzählte uns, wie schwierig es für ihn wäre, allein nur für einen kurzen Urlaub nach Europa zu fliegen. Um das Visum genehmigt zu bekommen, müsste er viel mehr Voraussetzungen erfüllen, als ich als Deutscher. Erstmal bräuchte er einen festen Job, in dem er auch ordentlich verdienen müsste, am besten in einer Führungsposition. Auf seinem Konto müsste er bei der Einreise einen gewissen Betrag vorweisen können. Ein Plus wäre ein Haus mit Frau und Kind, erklärte er. Man müsste sicher sagen können, dass er allen Grund hätte, wieder zurück in sein Land zu gehen. Nicht nur dass Europa solche Forderungen stellte, sondern sein Land tat auch alles dafür, die Kapverdier, so gut es ging, auf der Insel zu behalten. Das Land hatte Angst, er würde illegal in Europa bleiben und ihnen würden hier auf den Inseln die „guten Arbeiter" ausgehen. Des Weiteren war Europa im Gegensatz zu Kap Verde sehr teuer. Hier verdiente man durchschnittlich viel weniger, nur ca. 6700 Dollar im Jahr, was für ein afrikanisches Land schon sehr gut war. Dennoch war die Arbeitslosigkeit sehr hoch und es war nicht verwunderlich, dass man sich mit solch einem Gehalt keinen Luxus wie das Reisen leisten konnte.

Als er so davon erzählte, musste ich einmal hart schlucken. Ich schämte mich dafür, dass ich ihm kurze Zeit vorher klarmachen hatte wollen, dass dort draußen eine große Welt voller Abenteuer auf ihn wartete. Aber er wusste das. Er wusste von den riesengroßen Millionenstädten, den atemberaubenden Landschaften, den Partys und den einzigartigen Kulturen außerhalb der paar Inseln, die zu seinem Land gehörten. Er konnte sie nur nicht erkunden.

Dieses Gespräch versetzte mir einen harten Schlag. Mir wurde vor Augen geführt, was wir uns so selbstverständlich zuschreiben. Wir ertrinken in Deutschland nicht nur in Luxus, wir können auch einfach nicht genug davon haben. Allein das Privileg, sich in Europa fast komplett ohne Grenzkontrollen bewegen zu können. In unglaublich vielen Ländern mit derselben Währung zu bezahlen. Wir können in so viele Länder einreisen und brauchen noch nicht einmal ein Visum. In vielen Fällen werden uns 30 oder sogar bis zu 180 Tage Aufenthalt einfach so genehmigt. Und wieso? Weil wir aus Deutschland kommen und dort deutlich mehr verdienen und uns ein Leben und Reisen leisten können, nicht so wie ein Großteil dieser Welt. Wir sind verwöhnte Menschen, die einfach Glück in der

Pass-Lotterie hatten. Und meistens ist das nicht mal genug für uns.

Uns ist bewusst, wie gut wir es haben, aber Sekunden danach ignorieren wir es wieder. Wir sagen: Das ist nicht unser Problem. Da muss man echt mal was machen. Hungersnot? Ja, schon, aber auf mein Fleisch will ich jetzt nicht verzichten.

KAPITEL 19

DIE JAGD

Die ersten Tage vergingen wie im Flug. Jeder hatte seine Aufgaben, und es wurde mit Hochdruck daran gearbeitet, unser kaputtes Schiff wieder auf Vordermann zu bringen. Rahim hatte sich der herausgerissenen Planke angenommen. Zuerst schmirgelte er diese ab und verputzte – natürlich mit Sikaflex – die offenen Stellen im Holz. Jorma werkelte am Generator, dem Motor und der ganzen Elektronik herum, die uns auf unserer Fahrt im Stich gelassen hatten. Der Captain und Jack befestigten für unser Haupttrack zwei weitere Kurbeln auf dem Dach, damit wir das Hauptsegel besser trimmen konnten. Wir bekamen sogar eine weitere Kurbel am Hauptmast. Der Captain hatte eingesehen, dass es einfacher war, wenn nur eine Person das Segel auf Spannung bringen konnte, vor allem in kritischen Situationen.

Ich sollte mich weiterhin dem Dieselproblem widmen. Da Jorma fest davon überzeugt war, dass der linke Tank auf der Backbordseite leckte, kappten wir diesen ab. Im Motorraum kletterte ich an einem Rohr vorbei in die kleine Luke, die mir erlaubte in eingeknickter Position den anderen Dieseltank auf der Steuerbordseite zu erreichen. Ich schraubte den Deckel ab und blickte in den fast leeren Tank. Dieselgestank stieg auf. Schnell zwang ich mich aus dieser Enge heraus. Da wir diesen Tank nicht separat befüllen konnten, bohrte ich in den Deckel ein Loch, um einen weiteren Anschluss zu installieren.

Gerade als ich den Deckel des Tanks auf den Gartentisch beim Heck des Schiffes legte, hörte ich Trommeln in der Ferne. Rahim stand am Bug und schaute in die Richtung, aus der die Geräusche kamen. Sofort lief ich zu ihm.

»Wo ist das? Was ist da los?«, fragte ich neugierig.

Er wusste es auch nicht, aber wir waren dabei, es herauszufinden. Wir riefen Fleur, die gerade in der Küche am Zaubern war.

»Lass alles liegen! Komm mit! Das müssen wir sehen!«, rief Rahim ihr hastig entgegen. Schnell griff ich meinen kleinen Geldbeutel mit Elefanten als Verzierung, den ich mir in Thailand gekauft hatte, mein Handy, und schon ging es los. Wir sprangen auf den Steg. Vor uns lief Jack im schnellen Schritt, auch er war gerade auf dem Weg zu den geheimnisvollen Trommeln, die wir nun noch lauter hörten.

Wir alle zusammen drückten das Gitter der Marina auf und in der Ferne auf der kleinen gepflasterten Straße erkannten wir, was los war:

Der Auftakt des Karnevals von Mindelo.

Dieser ist der schönste und farbenprächtigste auf den ganzen Kapverdischen Inseln. Jedes Jahr erneut mobilisiert er die Menschen dazu, ihre Kreativität, ihre Arbeitskraft, ihr tänzerisches und musikalisches Talent einzubringen, um für ein paar Tage die Sorgen des Alltags in ausgelassener Stimmung zu vergessen. Brasilianische Seefahrer brachten den Samba Mitte des 20. Jahrhunderts nach Mindelo und mit ihm auch die Art, wie in Brasilien der Karneval gefeiert wird.

Jeden Tag gibt es teils mehrere Umzüge. Freitagsvormittags, nach dem Weiberdonnerstag, finden bereits die ersten statt. Kindergärten, Grundschulen sowie einige freie Gruppen machen den Anfang, bevor es abends dann mit dem richtigen Auftakt, der sogenannten *Mindel Fantasy* beginnt. Dies ist ein gewaltiger Truck, der mit unzähligen Lautsprechern und einer Bühne ausgestattet ist, welche Platz für eine 10-köpfige Band bietet; der Truck zieht zweimal durch die Innenstadt.

Am Samstag geht es weiter mit den Umzügen der Schulen, der Universitäten, der Lehrer, die eine ganz eigene Gruppe bilden, und ganz charakteristisch, die ersten Mandingas erschrecken mit ihren wilden Kostümen und Tänzen die Passanten.

Der Karnevalssonntag ist ganz im Griff der Mandingas. Die Mandingas sind eine Spezialität des Karnevals von Mindelo. Ihr ganzer Körper ist mit tiefschwarzem Motoröl eingefärbt. Sie tragen oftmals große, grobe Ketten um den Hals und die Armgelenke. In der Hand halten sie eine Keule, ein Schwert oder einen schwarzen Holzspeer, den sie am oberen Ende verziert haben. Mit ihren speziellen Tanzrhythmen, die mit einfachsten Trommeln, teils nur Eimern oder leeren Ölfässern, begleitet werden, stampfen sie mehrmals auf den Boden und bewegen ihren Oberkörper mal nach rechts, mal nach links. Die Mandingas stellen eine Rückbesinnung auf die eigene Identität der Kapverdier dar, deren Wurzeln oft auf dem Afrikanischen Kontinent zu finden sind. Während der portugiesischen Kolonialzeit wurden sie unterdrückt und ein Praktizieren der Kultur unterbunden. Durch die Unabhängigkeit im Jahre 1975 hatte diese Unterdrückung endlich ein Ende.

Der Montag mit der Samba Tropical Night und der gesamte Dienstag gehört den Sambaschulen Mindelos. Jedes Jahr stellt dies für sie das größte Event dar, bei dem bereits Monate im Voraus das neue Motto festgelegt und Kostüm- sowie Tanzideen gesammelt werden.

Heute war der Freitag und wir tummelten uns in der Menge. Der große Truck setzte zu seiner ersten Runde in die Innenstadt an. Die Menschenmassen drängten sich, um etwas zu sehen; viele kletterten auf Erhebungen, um den Truck mit der Band und den Tänzern besser erkennen zu können. Die Fenster an den jeweiligen Straßen, die der Truck passierte, waren prall gefüllt mit schaulustigen Kapverdiern, die sich alle über den Auftakt des so schönen und bunten Karnevals freuten. Wir, wir waren natürlich mittendrin, um möglichst viel von der Stimmung und vom echten Karneval von Mindelo mitzubekommen. Vereinzelt sahen wir ein paar Gruppen der Mandingas, die schon umhertanzten und mit ihren Trommeln und Keulen versuchten, ein paar verwirrte Touristen zu erschrecken.

Der Zug bog in eine der typisch gepflasterten kleinen Straßen ab. Immer mehr Menschen drängten sich an den Fenstern der bunten Häuser, bei denen schon der Putz an den Wänden abbröckelte. Die Menschenmassen drängten sich in die so kleine Gasse. Unkontrolliert wurde man an die Seite gedrückt, hin- und hergeschoben. Die anderen hatte ich in der Masse verloren.

In diesem Moment dachte ich mir: Pass auf deine Sachen auf!

Erneut wurde ich angerempelt, aber diesmal etwas fester, meine Hand griff sofort an die Tasche meiner roten Badehose, die ich trug. Ich spürte nichts. Fuck! Gerade noch sah ich eine Hand meinen Elefantengeldbeutel jemand anderem geben. In Sekundenschnelle wurde dieser weitergegeben. Noch gerade so konnte ich sehen, wer ihn hatte, und riss einem circa zwanzigjährigen Kapverdier meinen Geldbeutel wieder aus der Hand.

Aber wo war mein Smartphone? Ich rannte dem Jungen hinterher. Gerade noch so erwischte ich ihn, bevor er um eine Ecke verschwinden konnte. Wütend drückte ich ihn gegen eine Wand und schrie ihn an:

»Wo ist mein Handy???« Natürlich verstand er kein Wort.

Erneut schrie ich: »Where is my phone? Give me my phone back!!!«

Der Zug ging in vollem Gange weiter, niemanden interessierte unsere kleine Auseinandersetzung. Menschen drängten sich weiterhin an uns vorbei und dann spürte ich plötzlich etwas Spitzes an meinem Rücken.

»Let go! Let GO!«, rief mir eine tiefe männliche Stimme ins Ohr. Sofort löste sich mein Griff von seinem T-Shirt und der Junge verschwand sofort in der Menschenmenge. Ich drehte mich um und sah drei muskulöse Männer in der Masse verschwinden, in der Hand trug jeder ein scharfes mittelgroßes, angerostetes Messer, wovon ich eines wohl zuvor an meinem Rücken gespürt hatte.

»Scheiße! Verdammt!«, brüllte ich wütend und trat dreimal fest gegen eine Hauswand, sodass etwas roter Putz auf das Kopfsteinpflaster abbröckelte. Verärgert sah ich mich um. Wo waren die anderen? Ich wusste nicht, wohin. Mit lautem Gesang und tanzenden Mandingas ging der Karneval unbekümmert weiter. Ich drängte mich zwei Meter weiter durch die Menschen, nun meinen Geldbeutel immer fest in der Hand, damit nicht auch dieser erneut aus meiner Hosentasche entwendet würde.

Abermals bog der Zug in eine andere verwinkelte Straße. Am hinteren Ende konnte ich mehrere Polizisten erkennen, die vor einem weißen Polizei-Truck standen. Sofort rannte ich los. So schnell ich konnte.

»Help! Help!«, rief ich einem der Männer zu. Verzweifelt versuchte ich, durch Gestik und Mimik in dem lauten Durcheinander zu erklären, was passiert war, aber sie alle hatten keine Zeit für mich. Mit einem harten Schubs wurde ich zur Seite gedrückt. Ein Pickup fuhr vor. Vier Polizisten nahmen mehrere junge Männer fest. Sie alle, mit Händen hinter dem Rücken. Sie wurden mit Kabelbinder gefesselt und genötigt, zu den anderen in den Truck zu steigen. Was die wohl angestellt hatten …?

Nach einigem Hin und Her fand ich endlich die anderen wieder. Jacks Geldbeutel war ebenfalls gestohlen worden. Fleur war von irgendwelchen notgeilen Typen begrabscht worden. Unsere erste Karnevalserfahrung in Mindelo lief für uns alle nicht so, wie geplant. Betrübt, sauer und sprachlos watschelten wir den Steg zurück zu unserem Boot, welches wir vorhin so eilig und aufgeregt verlassen hatten.

Dies war wohl der zweite große Tiefschlag auf meiner Reise. Erst mein Zelt, nun mein Handy. Das Gerät an sich wäre mir sogar recht egal gewesen, vor allem ärgerte ich mich über den Verlust der Bilder und diversen Videos von den aufregenden und einzigartigen Momenten, die ich auf der bisherigen Reise alle erleben durfte. Sei es mein Nachtlager irgendwo im Süden Spaniens zwischen Mandarinen und Zitronenbäumen. Meine ersten Delfine, die ich auf dem Weg von Gibraltar zu den Kanaren gesichtet hatte, oder die Fotos mit den begeisterten Fahrern, die mich so selbstverständlich mitnahmen. Kein Backup, nichts! Alles weg! Jetzt hatte es irgendein Kapverdier. Durch mein naives jugendliches Denken hatte ich auf meinem Handy noch nicht einmal einen Sicherheitscode. Das war für die Taschendiebe wohl der Jackpot gewesen.

Ich saß auf der Reling von La Salope. Die Sonne läutete den Abend ein. Im Fünf-Minuten-Takt wechselte ich zwischen ärgerlich-wütend und Verzweiflung. Was zum Teufel sollte ich jetzt machen? Irgendwie musste ich jetzt meine Sim-Karte und mein Handy sperren, und zwar so schnell wie möglich. Erst dann realisierte ich, dass ich auch diverse Passwörter, Log-in-Daten, Sperrnummern, wichtige Notfallkontakte, meine Versicherungsnummer, alles auf diesem Telefon gespeichert hatte. Das Niederschreiben einiger wichtigen Nummern hatte ich immer optimistisch vor mir hergeschoben. Viele wichtige Unterlagen hatte ich auch noch auf meinem Laptop gespeichert, der wiederum aber seit einigen Tagen nicht mehr geladen werden konnte. Auf diesem Schiff ging halt einfach alles kaputt!

Nach kurzem Überlegen und einer Weile des Abreagierens lieh mir Rahim dankenderweise sein Handy und über Facebook kontaktierte ich meinen Notfallkontakt Glenn. Ein Glück, dass er mir innerhalb von wenigen Minuten antworten konnte. Unglaublich selbstlos legte er in diesem Zeitpunkt alles zur Seite und konzentrierte sich nur auf mein Problem.

Innerhalb von Sekunden besorgte er sich die Nummer meiner Mutter, damit ich sie später mit einem WhatsApp-Call anrufen konnte. Da meine Sim-Karte damals noch über den Namen meiner Mutter lief, kramte mein Vater glücklicherweise aus einem seiner „Für meine Kinder"-Ordner die Passwörter meines Anbieters raus und sperrte meine Sim-Karte.

Während ich erstmal am Telefon erklären musste, warum Glenn vor wenigen Minuten so aufgebracht und besorgt angerufen hatte, gab ich Glenn, per Whats-App die Log-in-Daten meiner Google Accounts, welche auf meinem Handy angemeldet waren. Er trackte über die Google Funktion „Mein Smartphone finden" mein Gerät und kurzerhand schrieb er mir: Dein Telefon hat sich vor fünf Minuten das letzte Mal an der Ecke vom Rathaus mit dem Internet verbunden! LAUF!!!

Mit einem »Ich muss jetzt sofort los, ich melde mich gleich wieder!«, wimmelte ich meine fragenden Eltern ab. Rahim und ich packten eine Karte der Marina ein

und preschten in die Richtung des Rathauses von Mindelo. Glenn hatte inzwischen alle Passwörter meiner Accounts geändert. Erneut erhielten wir eine Nachricht mit einem Screenshot. Das Handy befand sich nun in einem Armenviertel etwas außerhalb Mindelos. In einem Umkreis von fünfzig Metern markierte eine rote Stecknadel unser neues Ziel.

Wir überlegten. Vielleicht war es besser, erstmal zur Polizei zu gehen. Immerhin hatten wir einen Standort. Da musste was möglich sein. Kurzerhand hielten wir ein in der Nähe fahrendes Taxi an und stiegen ein.

»Zur Polizeistation, bitte«, gab Rahim höflich die Anweisung.

Wir stürmten durch die offene Tür der kleinen bescheidenen Polizeistation. Niemand war dort. Erst als wir uns mehrmals bemerkbar machten, kam ein kleiner Mann in Uniform um die Ecke gestapft. Überhastet versuchte ich, ihm mein Anliegen zu erklären. Natürlich verstand er kein Englisch und schaute uns nur schräg von der Seite an. Unsere Kommunikation wechselte schnell in Pantomime. Als ich vergeblich versuchte zu erklären, was passiert war, stürmte eine aufgebrachte Frau zur Tür hinein. Ihr war genau das Gleiche passiert. Nur wusste sie sogar, wer ihr Handy so dreist gestohlen hatte. Zum Glück sprach sie gutes Englisch und übersetzte auf Portugiesisch nun auch unsere Beschwerde dem Polizisten.

Darauf antwortete er nur, dass wir in der falschen Polizeistation wären und er leider nichts machen könnte. Schnell ließen wir uns die richtige Adresse geben und sprangen sofort wieder in ein Taxi. Auf zur nächsten Station!

Dort angekommen empfing uns ein Commissário Lopes. Leider sprach auch er kein Englisch, dafür etwas Französisch. Rahim, das Sprachenmultitalent, erklärte ihm die ganze Geschichte. Der Kommissar nahm unsere Anzeige auf, aber mehr konnte er zu diesem Zeitpunkt auch nicht tun.

»Kommt morgen wieder! Da haben wir vielleicht etwas«, sagte der Commissário zur Verabschiedung.

Etwas niedergeschlagen, dass mein Standort des Handys die Polizei nicht überzeugen konnte, saßen wir auf der Treppe vor der Polizeistation. In der Hand eine Anzeige, auf der mein und der Name meiner Eltern unglaublich falsch geschrieben waren. Was sollten wir jetzt tun?

Ich wollte das nicht so auf mir sitzen lassen. Erneut stiegen wir in ein Taxi und zeigten dem Fahrer die Gegend, in der mein Telefon zum letzten Mal gesichtet wurde. Der Weg dorthin führte uns über holprige Straßen, die Lichter wurden weniger; es ging raus aus der kleinen Innenstadt, hinein in das Armenviertel Ribeira Bote, das von Arbeitslosigkeit geprägt ist und oft als kriminell verrufen gilt, was auf die Konflikte mehrerer Jugendgangs im Jahr 2010 und 2011 zurückgeht. Derzeit ist die Kriminalität wieder gesunken. In dem einst verbotenen Viertel für Außenstehende kommen nun auch Touristen, um sich den Alltag der einzelnen Menschen und deren Kultur anzuschauen. Dennoch ist es auch heute noch ein großer Drogenumschlagplatz der Insel.

Langsam fuhren wir über die unebene gepflasterte Straße, immer weiter einen Hang hinauf. Durch die dreckige Scheibe konnte ich ein paar Schuhe über einer Stromleitung erkennen. Später erfuhren wir, dass dies Zeichen sind. Hier in der Nähe wurde Marihuana verkauft. Eine weiße Plastiktüte bedeutete, gerade war Koks im Angebot.

»Hier ist es«, stellte Rahim fest und zeigte in eine dunkle Straße. Mehrmals fragte uns der Taxifahrer, ob wir sicher hier aussteigen wollten. Bevor er fuhr, gab er uns noch die Nummer der Polizei. Wir standen an einer Straße. Um uns herum keine Menschenseele. Das Taxi fuhr langsam wieder den Weg hinunter, als würde uns der Taxifahrer noch ein wenig beobachten.

Mehrmals verglichen wir unser GPS mit der gesetzten Stecknadel. Langsam gingen wir die dunkle Straße hinauf. Und tatsächlich! In dem Haus waren mehrere Mandingas, die wir durch ein Fenster laut reden und feiern hörten. Nach kurzem Beratschlagen verkündete Rahim:

»Ach, scheiß drauf. Ich geh' da jetzt rein!«

Er fragte sie nach Feuer und schaute sich unauffällig im Raum um. Doch von geklauter Beute war keine Spur. Nach gefühlt sehr langen zehn Minuten kam er wieder, leider hatten auch sie nur portugiesisch gesprochen, was eine richtige Unterhaltung unmöglich machte.

Wahrscheinlich war ich zu diesem Zeitpunkt nur wenige Meter von meinem Handy entfernt. Irgendwo hinter diesen grauen kalten Steinmauern musste es sein. Aber leider gab es diesmal kein Happy End.

Wie ein harter Schlag ins Gesicht stellte sich heraus, auf einer Reise gab es eben nicht nur schöne Ereignisse. Immer wieder sind es die schwierigen Situationen und die außergewöhnlich schmerzhaften Momente, die uns zutiefst prägen, und über die erst später gelacht und aufgeregt erzählt werden kann.

Eine Reise ist nicht immer nur perfekt, das kann ich euch sagen. Nicht alles läuft so, wie man es sich vorstellt. Du lachst, bist ruhig, nachdenklich, energiegeladen, abenteuerlustig und auch mal traurig. Eine Reise verändert dich, ohne es zu bemerken. Eben auch durch solche Momente.

KAPITEL 20

THE GOOD GANGSTER

Rahim werkelte weiterhin an unserer Planke. Fast sah sie sah wieder wie neu aus. Er stabilisierte sie mit weiteren Metallschienen, und vorsorglich sogar auch die Holzplanken auf der Steuerbordseite, damit alles so fest wie möglich befestigt war. Jorma fummelte in seiner Geschwindigkeit an diverser Elektronik herum. Dennoch machte er große Fortschritte. Der Generator schien wieder einwandfrei zu laufen. Captain Silver sprach und handelte mit dem Segelmacher der Marina wegen unserem Staysail, das bei unserem Sturm leider auch einiges abbekommen hatte und am unteren Ende schon mehrere kleinere Risse aufwies.

Ich kletterte durch das gesamte Boot, um Schläuche zu reinigen, gleichzeitig unsere Pumpen zu testen und gegebenenfalls auszutauschen. Ich zwängte mich durch die kleinen Ecken, entnahm die Böden des Maschinenraums und schlängelte mich unzählige Male runter in die verdreckte Bilge zu den Pumpen. Innerhalb von Sekunden war die Arbeitskleidung und mein ganzer Körper verschmutzt von schwarzem Ruß, dessen Rückstände immer noch in allen Ecken des Motorraums zu finden waren.

Rahim kramte in seinem Rucksack herum. Nach wenigen Sekunden war ein »Ah, hier ist es!« zu hören und er reichte mir ein altes schwarzes Smartphone.

»Das kannst du haben. Das ist mein Handy für Notfälle, aber ich glaube, du brauchst es jetzt mehr als ich.«

»Danke, das ist supernett von dir!«, erwiderte ich dankbar und nahm das Handy überglücklich in Empfang.

Ich war auf dem Weg zur Marina-Dusche, als ich Jack an der Floating Bar auf einem der klapprigen Hocker erblickte. Manuel reichte ihm gerade ein frisch gezapftes Bier, bei dem der Schaum ein wenig an der Seite herunterfloss. Nachdem ich mich geduscht hatte, besorgte ich mir im Marina Store eine neue Prepaid Sim-Karte. Danach setzte ich mich zu Jack an die Theke. Irgendwie hatte ich das Gefühl, er verbrachte hier mehr Zeit mit Biertrinken als auf dem Schiff selbst.

»Wir mussten wegen euch den gesamten Biervorrat verdoppeln«, lachte Manuel, als er mir meinen

Humpen reichte. Jack trank gerne viel Bier, obwohl ich an manchen Tagen auch nicht besonders unschuldig gewesen war.

Ich checkte meine Mails und Instagram. Und beantwortete einige besorgte WhatsApp-Nachrichten, die mich so erreichten, als sich mein kleines Unglück etwas herumsprach. Währenddessen bombardierte mich Jack mit irgendwelchen unrelevanten Erzählungen über seinen Asien-Trip, seine Ausflüge in Panama und darüber, wie er mehrere zigtausende Dollar an einem Wochenende auszugeben vermochte. Beiläufig erwähnte er immer, dass er gerne YouTube-Videos schaute.

»Ich liebe es, Filme immer und immer wieder anzusehen. Irgendwie fällt einem jedes Mal etwas Neues auf. Hier, ich will dir was zeigen!«, meinte er aufgeregt und zog mir das Smartphone, welches mir Rahim eben zugesteckt hatte, aus den Händen. Vor ihm lag sein eigenes Handy umgedreht auf der Theke. »Warum benutzten wir nicht einfach sein eigenes?«, dachte ich mir, aber schon hatte er das erste Video von einem amerikanischen Comedian am Laufen.

Wir verloren uns in der YouTube-Welt, schauten einen Comedian nach dem anderen. Und gerade, bevor uns der Akku endgültig im Stich lassen sollte, zeigte er mir seinen Lieblings-German-Witz. Der ging so:

–The German Coastguard–

Ein älterer Herr erklärt einem jungen Mann, der sichtlich neu war, die Geräte in der Küstenwache. »Das hier ist das wichtigste Gerät! Das Überlebensradar!«, sagt er, nimmt seine Kaffeetasse und verlässt den Raum. Nach kurzer Zeit ein lautes *Pieeep*. Das Mikrofon rauscht. Eine unbekannte Stimme schallt durch das Funkgerät.
»Mayday, Mayday! Hello, can you hear us?? Can you hear us? Can you …«, wiederholt ein lautes Rauschen.
Der junge Mann dreht die Lautstärke etwas auf. »Can you hear us? We are sinking!!! WE ARE SINKING!!!« Darauf antwortet der junge unerfahrene deutsche Mann:
»Hallo … Thiß iss der german costguard …«
»WE ARE SINKING! We are sinking!!!« kam erneut aus dem rauschendem Mikrofon.
Der junge Mann erwidert:
»What are you thinking about??«

Jack war ein sehr gesprächiger Mensch, aber wie ich schon des Öfteren erwähnte, redete er unglaublich viel, dennoch erfuhr man über ihn als Person oder seine Vergangenheit gänzlich wenig. Bis zu diesem Zeitpunkt wusste ich nie wirklich, was er machte, womit er sein Geld verdiente, das er immer so gerne und verschwenderisch auszugeben vermochte. Oder woher er die Zeit hatte, an solch einer Unternehmung teilzunehmen.

Ich reimte mir zusammen, dass er sich jedenfalls nicht mit einem „normalen" Nine-to-five-Job zufriedengab. Ich wusste, irgendetwas war hinter diesen funkelnden Augen, die oft zwischen seinem Lachen und lauten Gesten verschwanden.

»Weißt du Felix, ich mag Geld, ich liebe es vielleicht sogar. All dieser Quatsch von wegen, mit Geld kann man nicht glücklich werden. Nein, mit Geld ist man einen wesentlichen Teil glücklicher als ohne!«, behauptete er, als er sich nebenbei über Fleur aufregte. Die zwei wurden den gesamten Trip nicht sonderlich warm miteinander.

»Auch wenn ich Geld mag, gefällt es mir nicht wirklich, zu arbeiten. Jedenfalls keine körperlich harte, anstrengende Arbeit. Mir gefällt es besser, das Geld auszugeben und einzigartige Erlebnisse zu schaffen. Weißt du?«

»Nicht unbedingt eine passende Kombination«, warf ich in seinen Gesprächswasserfall mit ein.

Aus diesem Grund bekam er sich auch immer mit Jorma in die Haare. Jack wollte seine Arbeit immer so schnell wie nur möglich erledigen. So zügig, wie es nur ging, um in kürzester Zeit wieder an einer Bar mit einem Humpen vor sich zu sitzen. Jorma war das komplette Gegenteil.

Jack bezahlte ausschließlich mit Bargeld, eine Bankkarte oder Kreditkarte sah ich niemals mit seinem Namen. Den Grund dafür sollte ich bald erfahren. Außer seinem Handy, welches umgedreht auf der klebrigen Theke der Floating Bar lag, besaß er keine elektronischen Geräte, jedenfalls keine, die er mit auf die Reise nahm. Dieses Smartphone war auch kein gewöhnliches. Er benutzte es sehr selten. Es schien, als würde es fast gar nicht funktionieren. Wie sich herausstellte, war das bei vielen Funktionen, die man normalerweise bei einem Handy erwarten würde, auch der Fall. Wie er mir zeigte, konnte er sich nicht auf „normalem Weg" mit dem Internet verbinden. Apps wie Google, YouTube oder der Webbrowser konnten schlicht nicht benutzt werden. Telefonieren konnte er damit auch nicht. Wofür war ein solches Smartphone dann gut?

Einzig und allein, jedenfalls von dem, was er mir zeigte, und von dem, was ich wusste, kam er durch eine normal aussehende Taschenrechner-App mit einem zwölfstelligen Zahlencode in ein verschlüsseltes E-Mail-artiges Programm. Über dieses konnte er mit genau zwei Personen kommunizieren. Welche das waren, wollte er mir nicht wirklich verraten. Er meinte, es wären Freunde vom ihm. Dennoch vermutete ich, dass einer von denen sein Freund oder Bekannter aus Panama sein musste. Ob der Austausch über das Internet oder vielleicht sogar über Satelliten erfolgte, ist mir immer noch ein Rätsel. Aber wieso brauchte jemand wie Jack so etwas? Warum in aller Welt meldete er sich nie in seinem Social Media-Account an. Wieso bezahlte er immer nur mit Bargeld? Besaß er überhaupt einen Bank-Account? Viele Fragen flogen mir an diesem Tage durch den Kopf, als Jack aber sofort wieder das Thema wechselte.

»Was machste eigentlich, wenn du über den Atlantik rüber bist? Je nachdem, ob wir überhaupt rüberkommen ...«, erkundigte sich Jack neugierig.

So ganz konnte ich diese Frage nie wirklich beantworten.

»Der Plan ist zu schauen, was sich ergibt. Aber wahrscheinlich geht's Richtung Südamerika«, antwortete ich relativ gelassen. Und es war die Wahrheit. Im Grunde hatte ich keinen richtigen Plan, was als nächstes kommen sollte. Ich hatte mir öfters überlegt, weiter Richtung Süden zu ziehen. Columbien, Ecuador, Peru. Alles wunderbare Länder, die mich wirklich faszinierten. Mit meinem ehemaligen Chef hatte ich sogar einen Deal, sollte ich es wirklich bis dort unten schaffen, würde er mich in Lima besuchen kommen. Aber es sollte noch alles ganz anders kommen, als ich es im Sinn hatte.

»Felix, du machst alles richtig! Reise so viel, wie du nur kannst! Auch in jungen Jahren. Besonders in jungen Jahren! Du weißt nie, wann du abkratzt«, bestätigte Jack. Nach seinen zahlreichen, endlosen Geschichten zu urteilen, lebte er nach genau diesem Motto. Er warf das Geld nur so rücksichtslos und verschwenderisch um sich, wie ich das bis jetzt noch bei keiner Person kennengelernt hatte.

»Du solltest im Jetzt leben!«, forderte er mich euphorisch auf und klopfte mir mit einem gewaltigen Schlag auf die Schulter, sodass ich mich ein wenig verschluckte.

»Was hast du denn vor?«, fragte ich Jack, um das Gespräch wieder auf ihn zu lenken. Er hatte etwas Interessantes an sich. Ungewöhnlich und neugierig wartete ich auf die Antwort. Aber bevor ich diese bekommen konnte, nahm er noch einen großen Schluck seines Bieres und bestellte sich direkt ein weiteres.

Er erzählte mir von den Plänen, die er mit dem gemeinsamen Freund des Captains hatte. Wie dieser Freund eine horrende Summe in das Schiff investieren würde und Jack später als Dive Instructor und Deckhand, also jemand der fest als Crew auf dem Schiff ist, beim Segeln helfen und auf dem Boot mitarbeiten sollte.

Dennoch war der Captain von Jacks Arbeitsmoral und Lernbereitschaft gegenüber dem Segeln nicht besonders angetan. Jack begründete es so, dass er von seinem mitgebrachten Bargeld bereits einiges an den Captain weitergeben musste. Genau weiß ich bis heute nicht, was da zwischen den beiden abgelaufen ist. Dennoch war der Captain felsenfest davon überzeugt, Jack nichts zu schulden, und Jack selbst so aufgewühlt und trotzig wie ein kleines Kind, wenn er sich so wütend über das Geld beschwerte. »Alles, was der Captain uns gerade bezahlt, kommt von meinem Geld!«, äußerte Jack mit wütender Stimme mir gegenüber. Aber auch der Captain gab zu, dass unser unerwünschter Stopp auf São Vicente uns in eine unangenehme finanzielle Lage gebracht hatte. Woran das genau lag, konnte ich nicht sagen und ich habe mich auch nicht getraut zu fragen. Schließlich ging mich das alles eigentlich nichts an.

Als die Sonne immer weiter sank, die Schatten schon lang und die glitzernden Lampen der Floating Bar eingeschaltet wurden, saßen wir immer noch auf unseren klapprigen Hockern und diskutierten über dies und jenes. Gerade als Manuel uns beiden ein weiteres Bier auf die Theke stellte, sprudelte es aus mir heraus. Ich konnte die Ungewissheit nicht länger ertragen, während ich die Frage einfach herausplapperte:

»Was zum Teufel machst du eigentlich? Wie verdienst du dein Geld? Und wofür brauchst du dieses „Fake-Telefon"?«

Kurze Stille. Jack nahm erneut einen großen Schluck seines frisch gezapften Bieres, welches eine perfekte Schaumkrone aufwies. Er wischte sich mit seinem Arm den Mund ab und antwortete:

»Das ist etwas kompliziert.« Er schaute mich mit einem beinahe heimtückischen Grinsen an. »Man könnte sagen, ich bin ein Gangster.«

Ich schaute ihn misstrauisch an.

»Aber einer von den guten«, versuchte er, meine fassungslose Miene etwas zu beruhigen. »Man könnte gar meinen, ich bin ein … Good Gangster«, lachte er und trank erneut einen Schluck mit glücklicher Miene.

»Aber was macht den Unterschied?«, fragte ich ihn vorwitzig. Darauf antwortete er nur geheimnisvoll grinsend:

»Ich töte keine Menschen!«

Darauf wusste ich nichts mehr zu antworten.

»Wenn du nur meine Akten sehen würdest, ohne mich zu kennen, würdest du nichts mit mir zu tun haben wollen. Glaub mir.«

Das war eine forsche These, die er da aufstellte, wobei er aber nicht ganz unrecht hatte. Er erzählte mir, dass er bereits mehrere Male im Gefängnis gesessen hatte, meist wegen Drogenhandel, in den er bereits mit jungen Jahren hineingerissen worden war.

Er verschaffte sich unter den Dealern einen Namen durch seine Art. Er sagte oft seine Meinung auch gegenüber solchen, wo er meinte, besser nichts sagen, wäre der klügere Ausweg gewesen. Dies gefiel besonders einem, der ihm etwas später einen Platz in der Gang sicherte. Er schmuggelte und verkaufte; um welche Substanzen es sich handelte, wusste ich nicht, jedoch erwähnte er, dass er einmal versucht hatte, eine größere Menge Amphetamine über einen Flieger zu schmuggeln.

Jack hätte gut in die frühere Karibikzeit gepasst, wo Piraten und illegaler Handel die Westindischen Inseln prägten. Jedoch durch sein penibles Auftreten und seine pedantische Art, auf sein Äußeres zu achten, erfüllte er wohl nicht das Bild von einem betrunkenen, leicht verschickten, wilden Piraten. Eher das von einem gut gekleideten Engländer, der durch seine heimtückischen Machenschaften und Intrigen mehr als nur bekannt und gefürchtet war. Sein gnadenloser Name wäre von den White Cliffs von Dover bis in die hinterste Ecke eines ranzigen Pubs in den Weiten Amerikas bekannt und gefürchtet. Ich lachte, als mir diese Bilder durch den Kopf schwirrten.

Seine erste Erfahrung, eingeschlossen zu sein, war wohl der Jugendknast, was er mehr oder weniger immer als Betreutes Wohnen beschrieb. Er war nett, charmant und kein Draufgänger, der nach Streit suchte, deshalb mochten ihn seine Betreuer sehr gerne und dadurch hatte er oft auch gewisse Freiheiten.

Immer wieder plante er seine Flucht aus diesem Wohnheim, und an einem Ausflugstag setzte er diesen Plan wirklich in die Tat um. Oft waren die Jugendlichen zur nächsten Busstation oder zum Bahnhof geflohen, worauf die Betreuer meist gut vorbereitet waren. Er hatte sich deswegen etwas anderes einfallen lassen. Er lief ein größeres Stück und rannte geradewegs in einen Wald hinein, wo ein Freund mit einem Wagen auf ihn wartete. Ob er es schließlich geschafft hat, ist mir entfallen, aber ich erinnere mich noch an seine aufblitzenden Augen, als er davon erzählte.

Als er älter wurde, kam Jack mehrmals mit Bewährung davon, aber ab und an plagte ihn für mehrere Monate eine Fußfessel. Er durfte keinen Alkohol trinken und sein Ausgang aus seiner Wohnung wurde wesentlich beschränkt. Vor zweiundzwanzig Uhr musste er wieder zu Hause sein, und wenn er nur in der Nähe eines Likörgeschäfts getrackt wurde, kamen zwei stringente Polizisten, die mit ihm einen schnellen Alkoholtest machten.

Nichtsdestotrotz hatte sich Jack die ganzen Jahre wacker geschlagen. Er führte ein verschwenderisches Leben, lebte nur im Hier und Jetzt, was ihn echt besonders machte. Er nutzte jede Möglichkeit und ließ keine Frau oder Party aus. Er erlebte die verrücktesten Adrenalinmomente, die ich mir gar vorstellen konnte.

Aber wie zum Teufel landete er genau hier? In dieser Crew, auf diesem ja beinahe verfluchten Schiff La Salope? Was brachte ihn damals nach Panama und hier mit mir an die Theke der Floating Bar Mindelos?

»Nun …«, stammelte er. Er hatte eine schöne große und natürlich teure Wohnung in Stockholm. Er hatte gerade erst wieder ein kleines Sümmchen bekommen, als es passierte. Die genauen Umstände sind mir wohl entfallen, aber ich erinnere mich daran, dass er in diesen schönen Tagen von einer anderen Gang entführt worden war. Sie hielten ihn mehrere Tage fest, schlugen ihn und nahmen alles Wertvolle aus seiner so teuren Wohnung mit. Einzig allein aus einem Grund. Er kannte jemanden, wahrscheinlich sogar aus seiner eigenen Gang, der den Entführern eine recht stattliche Summe an Geld schuldete. Nach tagelanger Qual raffte er sich auf und überzeugte die Entführer, er würde das Geld beschaffen.

Jack aber ergriff die Möglichkeit, ließ sich über einen Bekannten einen Flug buchen und tauchte vorerst in Panama unter.

»Ich meine, ich könnte das sofort erledigt haben«, lachte er. »Ein Anruf und die Leute …«, mit einer kurzen Pause unterbrach Jack den Satz, »nun ja, es wäre erledigt.« Er guckte kurz auf den Grund seines leeren Glases, legte aber sogleich wieder sein Lächeln auf. »Das möchte ich aber nicht. Das würde nur Rache geben.« Dann zeigte sich ein breites Grinsen auf seinem Gesicht. »Ich bin einer von den Guten. Weißt du? Ein Good Gangster halt.«

Die Sonne war bereits lange untergegangen. Die kleinen wenigen Lichter ließen Mindelo nur minimal aufleuchten. Nur wenige hunderte Meter blinkte manch alte Straßenlaterne auf, nur um sich dann in den Hügeln und Bergen zu verlieren. Die Marina hingegen verschwand ziemlich in der Dunkelheit. Es gab nur vereinzelte Laternen, welche den knarrenden Holzsteg in der rabenschwarzen Nacht erhellten.

Manuel hatte an uns Gefallen gefunden und obwohl wir die letzten waren, die Stühle bereits umgedreht auf den Tischen lagen, der Zapfhahn bereits gereinigt war, ließ er uns noch ein wenig sitzen und lauschte unseren Gesprächen. Nach diesem Abend sah ich Jack in einem anderen Licht, ich erfuhr von seinem wahren Ich, den Dingen die er getan, gelassen hatte, die er vielleicht sogar bereute. Wieviel an der Geschichte über ihn der Wahrheit entsprach, wusste wohl nur er selbst. Aber trotz all dieser Geschichten kannte ich ihn auf eine andere Art und genoss es, Zeit mit ihm zu verbringen.

Mit einem: »Wenn wir das nächste Mal zur Überfahrt auslaufen, werde ich kein Bier oder Alkohol mit auf das Schiff nehmen. Fleur trinkt mir sonst sowieso alles weg«, verabschiedete er sich etwas beschwipst. Er

klopfte zweimal hart auf die Theke zur Verabschiedung.

»Was für 'ne Schnapsidee!«, dachte ich mir und
lachte. Dann liefen wir entlang des knarrenden Steges
zurück Richtung La Salope.

KAPITEL 21

RICHTUNG WESTEN

Die Tage auf La Salope wurden kürzer, doch die Probleme nicht weniger. Nach und nach arbeiteten wir unsere To-Do-Liste stetig ab. Zu lange verweilten wir nun schon auf São Vicente im Hafen von Mindelo. Die Zeit rannte, doch wir kamen nur schleppend voran. Bald würde die Atlantiksaison zu Ende und jegliche Aussicht auf eine Überquerung ganz und gar erloschen sein. Wir waren so oder so welche der letzten, die noch über den Ozean aufbrechen wollten.

Ein, zwei andere Skipper hatten hier auf São Vicente einen Zwischenstopp geplant, aber segelten so schnell wie möglich weiter. Wir waren fast allein in der Marina. Ein paar Schiffe, bei denen der Rumpf von Muscheln und langen grünen Algen befallen war, verrotteten vor sich hin und warten wahrscheinlich heute noch sehnlichst auf ihre Besitzer. Außerdem gab es noch ein paar Charterboote, die ab und zu den kleinen Hafen für mehrere Tage verließen, aber immer zu ihrem festen Anlegeplatz zurückfanden.

Die Anspannung schwebte wie eine Schlinge über uns und zog sich von Tag zu Tag weiter zu. Die Reparaturen und Ersatzteile kosteten mehr, als der Captain sich vorstellte. Das Geld wurde knapp und wir brauchten noch Verpflegung, Essen, Wasser, Diesel und natürlich auch Zigaretten.

Jorma war ganz und gar nicht erfreut darüber, dass die Zeit so drängte. Immer wieder äußerte er seine Bedenken, diese Überfahrt anzutreten.

»Das Schiff ist nicht bereit!«, mahnte er eines Tages, als ich mit ihm den neuen Alternator (Generator) an unserem Hauptmotor festschraubte.

Durch dieses Gespräch kamen auch mir Zweifel. Jorma hatte Recht: La Salope war nicht bereit und alles andere, als was man als „sicher" erklären würde. Auch wir als Crew hatten unsere Differenzen, die nicht unbedingt weniger wurden. Die Luft wurde spürbar dicker. An diesem Abend lag ich lange wach in meiner Kabine und grübelte über unsere Situation nach. Ich starrte auf die braune Holzdecke nur Zentimeter über meinem Kopf. Wir waren nicht bereit.

Zum ersten Mal gingen meine Gedanken zu unserem kläglichen ersten Versuch der Atlantiküberquerung zurück. Die Abenteuerlust, die ich empfunden hatte, als uns die Wellen ordentlich durchschüttelten, war erloschen und ein sehr unbehagliches Gefühl breitete sich in meinem Magen aus. Erstmalig sah ich es als das, was es gewesen war: Ein knappes Entkommen. Wir hatten unzählige Probleme gehabt, die uns vieles abverlangten. Das Unwetter war nicht die angenehmste Begrüßung des Atlantiks gewesen. Dennoch, die raue See hatte noch viel mehr auf Lager, heftiger, stürmischer, erbarmungsloser. Würden wir es dann wieder schaffen? Was könnte diesmal passieren? War dieses Schiff wirklich sicher? Vielleicht sollte ich mir ein anderes suchen. Eventuell ganz abbrechen und nach Hause zum „sicheren Hafen" zurückkehren?

Viele Fragen quälten mich in dieser Stunde. Ein neues Boot? Dafür war es zu spät. Wir waren die letzten. Es gab viele unangenehme Angelegenheiten, auf die ich die Antworten nicht wusste. Aber ich war nicht so weit gekommen, um nur bis hierher zu gelangen, versuchte ich mir neuen Mut zuzusprechen. Von Deutschland bis hierher auf die Insel São Vicente, circa 400 Seemeilen westlich der afrikanischen Küste. Nein! Das durfte nicht das Ende sein! Das konnte es nicht und das würde es auch nicht! Ich drehte mich um und lauschte dem leisen modrigen Knarren, welches an diesem Abend, wie ein Schlaflied in meinen Ohren erklang.

Am nächsten Tag beendete ich mein Dieselprojekt, indem ich ein zehn Zentimeter breites Loch in die Schiffswand knapp über dem Deck bohrte, diesmal mit Absprache des Captains. Dort befestigte ich einen weiteren Anschluss, den ich mit einem Schlauch zum zweiten Dieseltankanschluss verband. Jetzt konnten wir beide Tanks getrennt voneinander befüllen.

»Hoffentlich ist es jetzt damit erledigt«, sagte ich mit zweifelnder Stimme zu Jorma, als ich die letzte Schraube zudrehte. Jorma gab nur einen Seufzer von sich. Durch die kleine Brille, die sich an seine große Nase schmiegte, sah ich seine glasigen, etwas müde dreinblickenden Augen. Kurz erwiderte er meinen Blick und grummelte in seinen langen weißen Bart:

»Hoffen wir das Beste!« Er hatte jegliche Hoffnung, dieses Schiff akkurat zu reparieren, aufgegeben. Es ging ihm nur noch darum, bei der nächsten Überfahrt nicht zu sterben.

Nach langem Hin und Her und weiteren hitzigen Diskussionen zwischen Jorma, Jack und dem Captain waren wir von unserer Überfahrt nicht mehr weit entfernt. Wir alle saßen auf den klapprigen Stühlen der Marina Floating Bar. Im Hintergrund rasselte Reggae Musik, welche meine Vorfreude auf die Karibik steigerte. Wir planten die letzten Einkäufe, unsere Route und letzte kleinere Reparaturen. Captain Silver konnte es gar nicht erwarten, bis er diese Insel endlich verlassen konnte. Er hatte eine schlechte Meinung von ihr, da auch ihm eines seiner Handys an einem Karnevalstag gestohlen worden war. Des Weiteren kostete es ihn viel, hier zu verweilen. Er wollte diesen Alptraum Atlantiküberquerung nur noch hinter sich bringen, hoffentlich mit keinen weiteren Problemen.

Am Tag, als wir die Einkäufe tätigten, half uns ein Einheimischer, die besten Geschäfte zu finden. Er sollte auch noch Zigaretten kaufen, welche der Captain vergessen hatte. Captain Silver drückte ihm 7000 Escudos in die Hand. Aber er tauchte nicht am vereinbarten Ort auf. Er hatte das Geld eingesteckt, weil er ja wusste, dass wir morgen, spätestens übermorgen, auslaufen würden. Dieses doch sehr naive Verhalten des Captains beflügelte seine Laune nicht besonders. Er wollte einfach nur noch weg. Weg von der Insel. Weg von den Problemen.

Wirklich fertig mit allem waren wir nicht. Durch das Reorganisieren aller elektronischen Verbindungen des Main Bords funktionierten drei unserer Anzeigen nicht. Zum Beispiel die Temperaturanzeige des Motorraumes und zeitweise die Anzeigen für unsere Wassertanks; aber dafür hatten wir jetzt eine bessere Anzeige, um zu sehen, wie stark unsere Batterien geladen waren.

Der Captain war nicht sehr erfreut darüber, dennoch wollte er einfach nur noch weg von den Inseln der Kap Verde. Deshalb lösten wir nun etwas übereilig die Leinen am Steg. Mit Fendern bewaffnet standen wir an der Reling und ließen Jorma steuern. Langsam tuckernd entfernte sich La Salope vom Steg. Beim Drehen nahm Jorma versehentlich durch die ausgefahrene Treppe an der Steuerbordseite noch eine der Energiesäulen auf dem Steg mit. Mit etwas hinterlistigem Lachen des Captains verabschiedete er sich mit einem Winken und rief:

»Auf Nimmerwiedersehen!«, damit drehte er sich um und warf keinen einzigen Blick zurück.

Wir fuhren an einem sonnigen Sonntagnachmittag aus der Marina. Sofort als wir aus dem Schutz der Insel schipperten, traf uns der Wind mit voller Wucht. Es war das perfekte Segelwetter. Leider hatte ich mich schon wieder zu sehr an das kaum spürbare Schaukeln der Marina gewöhnt, so wirkten die großen unberechenbaren Wellen, die uns hin- und herschaukelten, wie ein Schlag in meinen Magen. Innerhalb von Sekunden verblasste alle Farbe aus meinem Gesicht. Jack, Rahim und Fleur traf es ebenfalls. Es zog sich alles zusammen. Vergeblich versuchte ich mich auf die Insel im Hintergrund zu konzentrieren. Schließlich gab uns der Captain aber andere Anweisungen. Wir mussten Diesel sparen, die Segel sollten so schnell wie möglich gehisst werden, damit wir den guten Wind mitnehmen konnten. Schließlich raffte ich mich auf und zog mich langsam nach vorne zum Hauptmast. Nach vier großen heftigen Zügen war das Hauptsegel gehisst – und mein Mittagessen hinter uns im Meer verteilt.

Herrlich!

Nach drei langen Wochen waren wir wieder auf dem Wasser. Die Segel gehisst, mein Magen zwar leer, aber es ging wieder in die richtige Richtung.

Nach Westen! In die Karibik.

KAPITEL 22

WEITERE TRAGÖDIEN

Captain Silver stand im Cockpit und schaute erleichtert auf die Segel. Er war dabei, den Motor auszuschalten. Aber mit der Drehung des Schlüssels im Zündschloss hörten wir abermals einen lauten Knall im Motorraum.

Und ein lautes enttäuschtes »Ahhh, Fuuuck!« von Jorma folgte.

Wenn ich eins auf diesem Schiff gelernt habe, dann war es, dass hier wirklich alles und das immer wieder kaputtging. Es war wie ein stumpfer Witz, ja fast wie ein Fluch, der uns immer wieder heimsuchte und uns auf unserer Reise begleitete. Diesmal war es erneut der Alternator des Motors, den Jorma und ich noch wenige Tage vorher installiert hatten. Nach nicht mal ein paar Stunden auf dem Atlantischen Ozean standen wir wieder ohne da. Abermals konnten die Batterien nur noch über den Generator und wenigstens noch über die Solaranlagen auf unserem Dach geladen werden. Captain Silver schlug die Hände vor das Gesicht, als er neben dem Motor kniete. Er hatte Geld für nichts ausgegeben. La Salope hatte in diesen Monaten der Überfahrt Unmengen an Geld verschluckt, aber es schien, als würde sich trotz großer Bemühungen nichts zum Besseren wenden. Der Mechaniker musste bei der Reparatur wohl einen Fehler gemacht haben. Aber nach umkehren war ihm überhaupt nicht. So schaltete Captain Silver den Motor aus und verstaute den Schlüssel in einer kleinen Dose oberhalb der Anzeigetafeln. Die Segel waren gehisst und es ging weiter.

Ich kämpfte immer noch stark gegen meine lähmend lang anhaltende Seekrankheit. Das Abschalten des Motors verbesserte es ein wenig. Trotzdem war ich so bleich wie nie zuvor. Ich konzentrierte mich auf den Ozean und ermunterte mich immer und immer wieder, dass es ja bald besser werden würde.

Wir segelten mit wenig Wind. Manchmal schien es, als würden wir uns gar nicht bewegen. Die glänzende Oberfläche des Meeres wurde nur durch unseren Bug durchbrochen und hinterließ kleine Wellen. Manche Segler werden auf solch einer Überfahrt leicht gelangweilt. Normalerweise gibt es ab diesem Zeitpunkt für die Crew nicht viel zu tun. Die Segel sind gehisst, mit den Schichten wird abgewechselt. Bei uns war das etwas anders. Jeden Tag mussten wir etwas anderes reparieren oder Baustellen, die wir eigentlich für abgeschlossen hielten, erneut angehen.

Leider hielt uns das Dieseltank-Problem weiter auf Trab. Der Tank war nicht komplett leer und durch die schaukelnden Bewegungen leckte es weiterhin in kleinen, aber nicht unbedeutenden Mengen an unserem Motor vorbei in die Bilge. Langsam konnten wir Diesel des Tanks in einen 25-Liter-Kanister abfüllen. Sobald dieser voll war, traten Jack und ich an den neuen Anschluss, den ich gebohrt hatte. Jack saugte an dem Schlauch, während ich den Kanister in die Höhe hielt.

»Den Trick habe ich schon als Kind gelernt!«, lachte Jack mir zwinkernd zu, als der Dieselkanister sich in den anderen Tank entleerte. Mit dem Wellengang war das immer noch ein recht schwieriges Unterfangen. Diesen Vorgang wiederholten wir bestimmt zehn- bis fünfzehn Mal, bis wir merkten, dass es nun an der oberen Seite des anderen Tanks leckte. Darauf wusste dann auch ich keine Antwort mehr.

Es sind so viele Dinge kaputtgegangen oder schiefgelaufen, ich wusste gar nicht, ob ich sie alle aufzählen konnte. Es gab kleinere Risse im Segel, die Luke in der Küche war abermals undicht, eine Kurbel, die uns fast auseinanderfiel mit gespanntem Segel, der Tisch, dessen Schrauben sich lösten und der nachts um 4 Uhr durch das gesamte Boot stürzte. Etwas beunruhigender war, dass unser Satellitentelefon nicht funktionierte. Es waren nur noch Notrufe möglich. Naja, wenigstens das! Es musste wohl in Las Palmas beim Aufladen der neuen Sim-Karte etwas schiefgelaufen sein. Das bedeutete, dass wir uns nicht melden konnten, sowie uns niemand im Notfall erreichen konnte. Wir konnten auch keinen Wetterbericht einholen, da wir normalerweise über das Telefon ab und an ins Internet konnten.

Für mich war das zu diesem Zeitpunkt alles total normal. Da ich keine anderen Kenntnisse über das Segeln hatte. Ich wusste nicht, welche Standards andere Boote hatten, was ich später dankenswerterweise erst noch herausfinden durfte.

Diese Kleinigkeiten, die solche Sachen für uns nun einmal geworden waren, nachdem wir uns auf dem Trip schon einigen Problemen hatten stellen müssen, waren gar nicht so schlimm. Jedenfalls zogen sie uns nicht allzu sehr nach unten. Es waren die großen Probleme, die uns hadern ließen. Zum Beispiel, als ich in den Motorraum ging, um wie üblicherweise den Generator anzuwerfen. Ich folgte den Anweisungen, die Jorma uns immer wieder vorpredigte. Doch dieses Mal stieg weißer Rauch beim Converter hervor, der den Wechselstrom des Generators in Gleichstrom umwandelte. Das hieß, der Generator konnte unsere Batterien auch nicht mehr laden. Wir waren jetzt komplett von unseren kleinen Solaranlagen abhängig, welche uns nicht allzu viel Strom versprachen. Das Einsparen von Energie wurde schon zur Routine.

»Ihr wisst es«, ordnete Jorma etwas nüchtern gestimmt an, »es heißt wieder, Segeln im Kolumbus Style. Alles aus, was nicht gebraucht wird! Wir segeln wieder per Hand weiter!«

Ganze zwei Tage schraubte Jorma an dem Converter, bis er das Problem endlich beheben konnte. Er hatte uns erneut den Arsch gerettet. Vielleicht war er nicht der Schnellste, aber Jorma wusste schon, was er tat, und ich war sehr froh, dass er trotz großer Zweifel mit uns aufgebrochen war.

Wir segelten ein paar Tage mit schönem Wetter im Zickzack Richtung Karibik. Langsam bewegten wir uns in die richtige Richtung, was wir an den Tageszeiten deutlich erkennen konnten. Während der Überfahrt richteten wir uns nach der UTC-Zeit, was aber mit jedem Tag auf dem Meer irrelevanter wurde, da wir außer unseren Schichten keine Termine hatten, an denen wir hätten teilnehmen müssen.

Wir waren circa eine Woche bereits auf See, als unsere ersten Vorräte ausgingen. Zum Glück war es nicht das Essen oder das Wasser. Die Zigaretten wurden knapp. Mich störte das wenig, da ich nicht rauchte. Aber Fleur, die sich komplett vom Captain finanzieren ließ, merkte man die Panik an. Es ging so weit, dass sie den Müll nach Zigarettenstummeln durchsuchte, um noch etwas zum Rauchen zu finden. Auf diesem Schiff wurde schon einiges weggeraucht. Ebenfalls neigte sich der Vorrat des Haschs, das Rahim in Las Palmas besorgt hatte. Da hatte der Captain dann nun auch seine Probleme mit.

Meine Nachmittagsschicht mit Jorma begann. Die anderen hatten sich in ihre Kojen zurückgezogen und versuchten, etwas Schlaf zu finden. Wir beide genossen die Mittagssonne draußen auf dem Deck. Ein fast wolkenloser Himmel und hämmernde Sonne strahlte hinunter auf unsere Köpfe. Es wurde ruhig, fast unheimlich, dennoch wunderschön. Jorma und ich genossen die Freiheit und schwiegen beide, in eigenen Gedanken vertieft, dahin. Ich schloss die Augen. In meinem Brustkorb vernahm ich ein Stechen, wie ich es noch nie zuvor so verspürt hatte. Gleich nachdem ich die Augen öffnete, kullerten mir die Tränen wie ein Wasserfall hinunter. Es war nichts passiert, aber an diesem abgeschiedenen Ort überfuhren mich meine Gefühle wie eine erbarmungslose Dampfwalze. Heimweh. So stark verspürte ich das Bedürfnis, in vertrauter Umgebung bei Familie und Freunden zu sein. Erneut schloss ich die Augen und versuchte, mir ein vertrautes Bild im Kopf zu malen:

Ich saß draußen auf einem klobigen, abgesägten Holzstamm einer Eiche. Der Himmel, so strahlend blau wie hier auf dem Meer. Vögel zwitscherten im Windspiel der Bäume. Die Blätter der Büsche rauschelten um mich her. In der Ferne hörte ich das brummende Geräusch eines Rasenmähers und das Krähen eines Hahns. Geschäftig summten Bienen im Garten herum und auch die Vögel ließen sich nicht von mir stören. Eine Idylle, ruhig, friedvoll. Doch auch das gelegentliche Pfeifen und Singen meiner Familie, meine Schwester, die das Klavier mit liebevollen Emotionen bearbeitete, sowie das Tuckern von vorbeifahrenden Traktoren machten das Bild komplett. Zwischen gelagertem Brennholz und etwas kitschigen Andenken an vergangene Tage genoss ich das Zischen eines gerade geöffneten Stubbis. Ein perfekter Ort!

Hier war es wahrlich nicht perfekt!

Aber dieser Ort war perfekt in seiner Unperfektheit. Hier war es mal leise, mal laut, mal hell, mal dunkel, aber eines war dieser Ort immer. Voller Leben und jetzt mein Zuhause!

Schließlich stieg Jorma die knarrenden Holztreppen Richtung Motorraum hinunter. Nach wenigen Sekunden hörte ich das vertraute Tuckern des Generators. Jorma kroch aus der Luke und setzte sich entspannt auf die Couch.

»Hörst du das Tuckern?«, fragte er mich. »Es gibt momentan nichts Schöneres als einen funktionierenden und laufenden Generator, der wieder die Batterien laden kann!« Glücklich lehnte er sich zurück, schloss die Augen und lauschte. *Tuk-tuk-tuk* … Stille! Panisch riss Jorma seine Augen unter der kleinen Brille so weit auf, dass man meinen könnte, sie platzten gleich aus seinem Schädel heraus. Wir tauschten genervte Blicke aus.

Einen Augenblick später breitete Jorma seine Arme weit aus, schaute nach oben und fragte: »Wiesoooo??? Willst du uns eigentlich verarschen?!«

KAPITEL 23

GEFANGEN IN DER FREIHEIT

Fleur übernahm das Steuerrad. Jorma und ich stiegen ein weiteres Mal in den heißen und stickigen Motorraum. Als wir die Tür öffneten, schoss uns weißer Qualm entgegen. Etwas hustend betrachteten wir den Generator, der auf dieser Überfahrt schon einiges durchmachen musste. An der vorderen Seite der so häufig benutzten Maschine war ein Schlauch explodiert. Sehr wahrscheinlich war es diesmal das Kühlwasser. Mühselig schraubten wir herum und tauschten Schläuche sowie die gesamte Kühlflüssigkeit aus. Lange kämpfte Jorma mit den Problemen und nach fast zwei weiteren Tagen bekam er ihn doch wieder zum Laufen. Wir hatten uns schon so daran gewöhnt, immer wieder ohne Elektronik auszukommen. Wir segelten per Hand, Lichter wurden nachts nur wenn unbedingt nötig benutzt.

An diesem Morgen brach der achtzehnte Tag auf dem Meer für uns an. Wir waren schon drei Tage länger unterwegs, als der Captain eigentlich kalkuliert hatte. Zwar hatten wir Reserven mit eingeplant, aber an den alltäglichen Lebensmitteln merkte man doch, dass sie deutlich zur Neige gingen. Wir hatten bereits kein Brot, keine Milch, keine Säfte, keine Butter mehr. Von frischen Früchten und Gemüse ganz zu schweigen. Leider ging auch der Kaffee zur Neige und der Fleischvorrat brachte Captain Silver leider auch nicht zum Lächeln.

Das größte Problem, an dem ich nicht ganz unschuldig war, war wohl jedoch unser Trinkwasser. Wir hatten zwei Wassertanks, der erste war bereits leer, der zweite noch halb voll. Dieses Wasser schmeckte aber stark salzig, was der Captain mit Salztabletten erklärte. Ich bin kein Profi auf dem Gebiet, aber da musste er ja wirklich deutlich zu viel hinzugegeben haben, um den Tank so stark zu versalzen. Dennoch würde mich bei allen Problemen, die wir hatten, ein Loch im Tank auch nicht mehr wundern. Das Wasser im Tank benutzten wir meist nur zum Kochen. Gespült, geduscht und gewaschen wurde schon fast seit Beginn der Reise nur noch mit Seewasser.

Zum Trinken hatten wir einige Fünf-Liter-Kanister Süßwasser an Bord. Hier komme ich ins Spiel. Ich trinke generell schon viel, aber beim Segeln umso

mehr, was die anderen gar nicht verstehen konnten.
Jack und der Captain tranken so gut wie gar kein Wasser. Meist tranken sie Säfte, die wiederum ja nun auch ausgegangen waren. Somit war ich der Grund, weshalb wir auch etwas deutlicher auf unseren Süßwasservorrat schauen mussten. Später erfuhr ich, dass viele andere Boote einen Wasseraufbereiter haben, womit sie Salzwasser in Süßwasser umwandelten. Mann, das wäre ein Luxus gewesen!

Wie gesagt, wir waren mit Abstand das am schlechtesten ausgerüstete Boot für eine Überquerung oder allgemein für eine richtige Segeltour. Aber wir hatten es so weit geschafft, dann würden wir jetzt auch noch die letzten paar hundert Seemeilen gemeinsam überstehen.

Der Captain war besorgt, aber noch relativ gelassen wegen der restlichen Vorräte, die wir noch hatten. Verhungern würden wir nicht, wir hatten noch diverse Dosen wie Ravioli oder Sonstiges eingepackt. Jorma hingegen wurde immer nervöser. Man konnte seine Unsicherheit spüren und er wirkte auf mich etwas paranoid. Ab jetzt musste alles seine Richtigkeit haben.

Dies galt besonders für den Motorraum. Jorma entwickelte für das Anschalten des Generators einen langen Ablaufplan, was in welcher Reihenfolge alles angeschaltet werden musste. Zuerst musste das Ventil zum Dieseltank geöffnet werden, den wir vorsichtshalber geschlossen hatten, da Jorma die Vermutung hegte, dass auch die Leitungen nicht mehr ganz dicht waren. Jedes Mal wurde der Ölstand überprüft sowie, ob sich genug Kühlflüssigkeit im System befand. Nach dem Anschalten des Generators überprüften wir auch im 5-Minuten-Takt, ob genügend Seewasser den Generator herunterkühlte. Immer wieder schauten wir dafür über die Backbordseite des Schiffes, und wenn aus dem einen Loch in regelmäßigen Abständen das Wasser herausspritzte, konnte man beruhigt den Blick wieder in die Ferne schweifen lassen.

Zum Glück waren aber nicht alle Tage auf der Überfahrt eine Anhäufung von Problemen und Rückschlägen. Es gab auch deutlich schönere Tage, an denen wir nur unsere Schichten erledigten, Bücher lasen oder uns in der Atlantiksonne bräunten und einfach das leise knarrende Schaukeln des Schiffes genossen.

Fleur verbrachte viel Zeit mit Zeichnen. Manchmal schien es, als würde ihr besonders schnell langweilig, da sie oft gestreckte Uhren malte, als ob sich die Zeit ins Endlose ziehen würde.

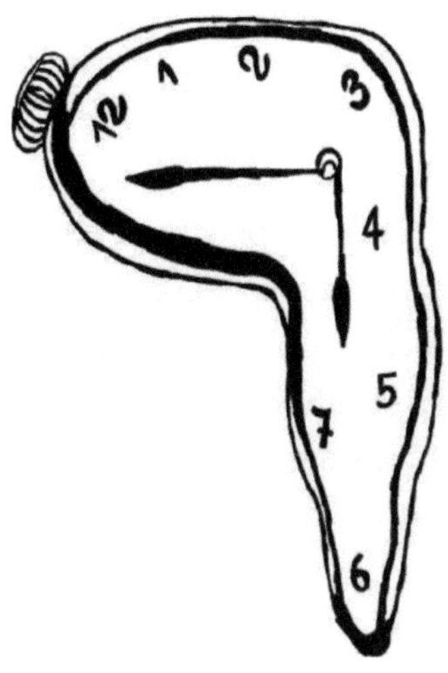

An diesem Tag zeichnete sie eine Karikatur von Jorma, welche ihr ausgesprochen gut gelang. Besonders gut kamen Jormas zerzauste weiße Haare und seine große Nase zur Geltung, auf der eine winzige Brille saß.

Für Fleur und Jack war es sicherlich auch keine einfache Tour, und ich denke, sogar eine kleine Detox-Fahrt. Sie konnten nicht trinken, da wir bis auf ein paar Flaschen Rum, die aber ziemlich gut verstaut waren, keinen Alkohol an Bord mitführten. Zigaretten und Hasch neigten sich dem Ende zu, was Captain Silver immer sparsamer werden ließ.

Leider hatte Fleur ihr Handy an das Seewasser im Hafen von Mindelo verloren. Wir schafften es, das Smartphone zu bergen, doch durch das Salzwasser, war es verloren. Auch sie bedauerte es sehr, was ich durch mein Dilemma in Kap Verde sehr gut nachvollziehen konnte. Gleichwohl schmerzte sie der Verlust. Sie erzählte mir, dass auf diesem Handy die letzten Fotos von ihrer Familie waren, mit der sie sich vor langer Zeit zerstritten hatte. Der Kontakt war abgebrochen und sie sahen sich schon seit mehreren Jahren nicht mehr. Dies war wohl die letzte materielle Bindung, die sie noch zu ihrer Familie hatte.

Trotz dieser Probleme denke ich, dass ihr dieser Trip dennoch ziemlich gutgetan hat. Einfach mal weg von ihren Problemen zu sein und neue Pläne zu schmieden.

Während der Überquerung durften wir sogar zwei Geburtstage feiern. Fleur und Rahim hatten die einzigartige Möglichkeit, ihren Geburtstag mitten auf dem Atlantik zu begehen, was wir mit ein paar Gläschen Rum zelebrierten.

Außerdem schnitt sich Rahim die Haare, Jorma und Jack taten es ihm gleich. Sie verpassten sich alle den typischen Segler-Haarschnitt. Einfach alles ab, was auf See gar nicht mal so einfach war, wie es sich anhörte.

Wir alle hatten uns bereits recht schnell an den Wellengang gewöhnt, doch ab und zu schaukelte man dennoch ungewollt durch die Gegend. Die größte Veränderung machte Jorma durch, als er sich von seinem langen weißen Bart trennte. Dieser ließ ihn vorher sehr gutmütig und vertrauenswürdig erscheinen, was durch ein aggressiveres Bild mit einer 1-Millimeter-Glatze und glatt rasiertem Bart etwas ausgetauscht wurde. Dennoch glitzerten durch seine kleine Brille immer noch dieselben leicht glasigen gutmütigen Augen.

An diesem Abend zog ich meine Sicherheitsweste mit den Karabinern zum Einhaken an. Wie fast jeden Tag seit Beginn der Überfahrt setzte ich mich auf meinen Lieblingsplatz des Schiffes. Oben auf das Glasfaserdach. Dort wo das Zweitsegel stand. Links klinkte ich mich in einer der Shrouds ein; nur wenige Zentimeter rechts neben mir, waren die Solaranlagen, auf die wir in den letzten Wochen mehr angewiesen waren, als uns recht war.

Wie die Tage zuvor segelten wir auf die große gelborange Scheibe zu. Das Meer glitzerte, an meinem Rücken spürte ich, wie eine kühlere Brise in unsere Segel wehte. Mit jeder Welle rutschte ich von rechts nach links. Mein Handgriff immer fest an den metallenen Drahtseilen, um nicht herunterzufallen. Obwohl es unheimlich schön war, was sich vor mir abspielte, schloss ich meine Augen und lauschte der salzigen Gischt, die mit jeder Welle auf das Deck spritzte. Die Luft in meiner Nase war erfrischend spritzig und irgendwie einfach sauber. Keine stinkenden Abgase des Motors. Ich atmete tief ein und wieder aus.

Das teils unheimliche, aber doch unbeschreiblich erweckende Gefühl der Abwesenheit jeglicher Zivilisation durchflutete meine Adern mit jeder Böe, die an meinen Ohren kitzelte, wie ein gewaltiger Wasserfall. Hier gab es nichts. Nur Wasser. Wir waren inmitten des Atlantiks. Schon seit Tagen sahen wir kein Anzeichen menschlichen Lebens. Kein Schiff, was an uns vorbeirauschte, kein Flugzeug, was den Himmel kreuzte. Nein, es gab nur uns. Unser kleines Schiff auf dem gewaltigen Ozean. In diesem Moment auf meiner Reise, als ich dort oben etwas einsam mit lächelndem Gesicht, aber auch einer Träne im Auge, auf den Sonnenuntergang zutrieb, erfuhr ich etwas, was ich in meinem Leben noch nie so stark gespürt hatte: Eine unglaubliche innere Ruhe, eine Gelassenheit, ja einen Funken Freiheit.

So ein ähnliches Gefühl der Freiheit hatte ich zum ersten Mal auf einer schäbigen Toilette auf der thailändischen Insel Ko Pha-ngan gehabt. Meine Ausbildung zum Koch hatte ich hinter mir, arbeitete noch ein paar Monate in meinem Ausbildungsbetrieb, anschließend machte ich mich auf den Weg nach Thailand. Zuerst absolvierte ich dort einen Bartender-Kurs, um mich in der Getränkeherstellung weiterzubilden und um auf Partys etwas mit meinem Wissen angeben zu können. Danach erforschte ich mit einer Freundin, die ich während des Kurses kennengelernt hatte, die Insel.

Ich saß auf der heruntergekommensten Hostel-Toilette, die ich je gesehen hatte, als mir eines deutlich wurde. Ich hatte keine Verpflichtungen, keine Termine, keinen Kalender, in dem stand, wo ich in sechs Monaten sein würde. Ich saß auf dem WC und konnte bleiben, solange ich wollte. Fünf Minuten? Fünf Stunden? Fünf Tage? Theoretisch sogar fünf Jahre. Jede Entscheidung, die ich von hier an traf, war meine eigene. Kein Stress, keine Fragen, was ich denn als Nächstes machen würde, keine Gesellschaft, welche mir vorschrieb, wie ich zu sein und mich zu verhalten hatte. Ja, ich war frei! Ich saß da und lachte. Bis mir auffiel, dass auf meinem WC kein Toilettenpapier war. Aber hey! Auch das gehört zum Leben dazu.

Als ich nun so dasaß und meinen Blick immer wieder in den nun endlosen Sternenhimmel wandern ließ, wurde mir zutiefst bewusst, wie unbedeutend ich in diesem Augenblick war, auf diesem kleinen Schiff, verloren in den Weiten des Atlantiks. Über mir erstreckte sich das mächtige Universum, ein schier grenzenloser Raum, der meine Existenz in den Schatten stellte. Ein tiefes Gefühl von Ehrfurcht und Demut durchströmte jede Pore meines Körpers, als ich darüber nachdachte, wie winzig und flüchtig mein Leben in diesem kosmischen Maßstab war.

Während ich über die Alltagssorgen nachdachte, die mich und jeden anderen plagten, schienen sie hier auf hoher See geradezu lächerlich. Die Hektik, der Stress, die Ängste und Zukunftssorgen, sie erschienen alle so belanglos im Angesicht der unendlichen Weite des Ozeans und des funkelnden Sternenhimmels. Die Suche nach materiellem Erfolg, das Streben nach Anerkennung, nach einem Platz in der Gesellschaft, dem vorgegebenen „richtigen" Weg, all das verblasste vor der majestätischen Pracht der Natur und des Universums.

In diesem Moment drängten sich Fragen in meinen Gedanken vor, Fragen, die mich seither nicht mehr losließen. Wer war ich wirklich? Wer wollte ich sein? Hatte ich mein Leben bislang richtig gelebt oder war ich nur den Erwartungen der Gesellschaft gefolgt? Was konnte ich leisten, um die Welt, die Natur und letztendlich mich selbst zu verstehen und zu verbessern?

Diese Fragen beschäftigten mich seitdem sehr. Immer öfter saß ich einfach nur da und machte mir Gedanken. Manchmal Stunden, manchmal nur Minuten, die mir wie Stunden vorkamen. Mich bedrückte es sehr, keine Antwort zu finden bei diesem „Problem". Einfach nicht weiterzukommen. Es war zermürbend und brannte in meinem Herzen. Es waren keine Fragen wie in einer üblichen Schulklausur. Fragen, die man auswendig lernen konnte. Hier hat jeder eine andere Antwort. Aber diese Antwort zu finden, ist vielleicht eine Lebensaufgabe!?

Man kann nur das tun, was einem zurzeit richtig erscheint, was einen bewegt und vielleicht jemand anderem den Tag versüßt. Ich war hier, umringt von nichts außer meinen Gedanken. Ich hatte viel Zeit zum Nachdenken. Es war eine Zeit, in der ich sehr glücklich, aber auch sehr traurig gewesen bin. Ab und an weinte ich, als ich die Weiten des Ozeans sah. Ich fühlte mich allein.

Auf einem Schiff war diese Freiheit noch mal etwas anderes. Du kannst hinsegeln, wohin du möchtest. Jeden Hafen ansteuern, so lange verweilen, wie du möchtest, wenn es dein Pass erlaubt. Und wiederkehren, wenn es dir gefallen hat. Wir waren hier draußen. Auf dem großen weiten Meer. Wir waren frei!?

Ein verrückter Gedanke kam mir jedoch. Wir hatten all diese Freiheiten. Wir waren zusammen auf einem Boot und konnten den Kurs sofort ändern, wenn wir nur wollten. Wir kamen alle aus Ländern, die uns unglaubliche Privilegien in der Welt zusprachen, aber doch waren wir alle gemeinsam auf diesem kleinen Schiff in einer gewissen Art und Weise gefangen. La Salope wurde zu einem Gefängnis in vollkommener Freiheit. Nur auf den begrenzten Quadratmetern des Schiffes konnten wir uns frei bewegen. Alles andere würde für uns das Ertrinken bedeuten. Wir alle mussten wenigstens bis zum Ende der Überfahrt miteinander klarkommen. Ein Entrinnen gab es nicht. Selbst das größte Schiff konnte auf solchen Überfahrten sehr klein werden.

Wir waren an dieses Schiff gebunden, so wie es an uns gebunden war, um es sicher in einen Hafen zu segeln. Eine paradoxe Situation, die mich lehrte, dass Freiheit nicht nur den äußeren Umständen zu verdanken ist, sondern durchaus zu einem großen Teil in uns selbst stattfindet. Selbst in den weitesten und abgelegensten Teilen der Welt können wir uns in gewisser Weise gefangen fühlen, sei es durch soziale Bindungen, unsere eigenen Gedanken oder die Erwartungen der Gesellschaft. Die Freiheit, die wir suchen, liegt oft nicht im Äußeren, sondern in der Fähigkeit, unsere eigenen Grenzen zu überwinden und uns selbst zu befreien.

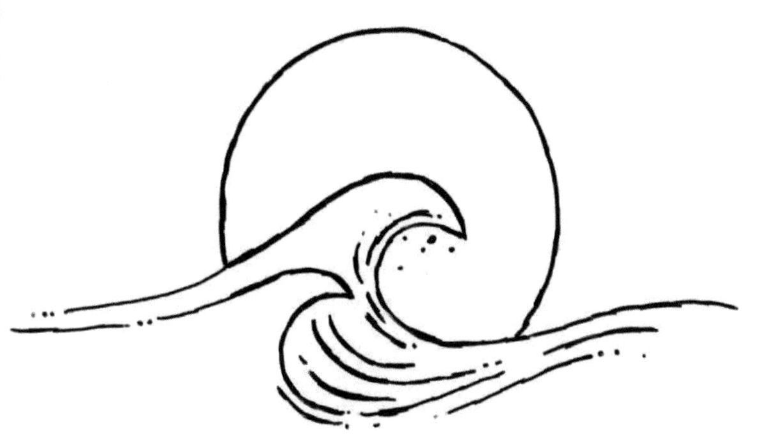

KAPITEL 24

DIE LETZTE PRÜFUNG

Wir segelten mit leichter Geschwindigkeit durch das dunkelblaue Meer. Es war schon etwas her, seit wir ein Zeichen von Zivilisation erspähen durften. Obwohl der Atlantik ein sehr befahrener Ozean ist, sahen wir dennoch nichts, nicht einmal ein Flugzeug, welches über unseren Köpfen am klaren Himmel seine Spuren hinterließ. Aber an diesem Nachmittag schreckte Jack bei seiner Schicht vor Überraschung und Freude zusammen. Rieb sich mehrmals die Augen, bevor er mit lauter Stimme rief:

»Hey, seht dort! Am Horizont!«

Und er zeigte auf den kleinen schwarzen Punkt am Horizont, der mit zunehmender Geschwindigkeit immer größer wurde. Es war das erste Containerschiff seit unserer Abfahrt in Kap Verde. Es ist schon verrückt, über welche Dinge man sich auf solch einer Überfahrt so freut. Mit großem Staunen und etwas Erleichterung, mal was anderes zu sehen als die blaue

Weite, die uns umgab, bestaunten wir alle das Schiff, als es mit zwei lauten Huptönen aus dem Schiffshorn an uns vorbeisauste. So schnell wie es gekommen war, verschwand es auch wieder in der Ferne. Und wir waren wieder allein. Doch weit bis zur Karibik konnte es nun nicht mehr sein.

Durch Jormas Paranoia wurden wir alle wachsamer, doch es schien, dass sie ihm nicht so gut bekam. Als er den Generator starten sollte, vergaß er einen seiner doch so wichtigen Schritte. Nicht lange dauerte es, bis der Motor wieder stoppte und sich Jorma fragend im Motorraum umschaute. Als ihm wieder mal nur ein leises »fuck!« entwich. Er drehte sich um und sah das geschlossene Ventil des Dieseltanks. Dadurch verendete die Pumpe des Generators. Davon ließ sich Jorma aber nicht aufhalten und baute in vertraut langsamer Geschwindigkeit an einer Lösung. Er nahm sich den 5-Liter-Kanister, den wir noch hatten, ein paar kleine Schläuche, Klebeband und war erstmal etwas beschäftigt.

»Da wir keine Pumpe mehr haben, müssen wir anders Druck aufbauen«, erklärte er, stieg mit seinem Kanister auf das Dach des Schiffes und befestigte diesen dort. Anschließend zapfte er etwas Diesel vom Tank ab und füllte es in den kleinen Kanister. Von diesem ging ein kleiner Schlauch hinunter bis in den Motorraum, wo er ihn am Generator befestigt hatte.

»So, jetzt müsste es klappen«, rief er mir zu. Ich startete den Generator – und es funktionierte. Von nun an befüllten wir immer den kleinen Kanister mit Diesel und konnten so den Generator weiter benutzen.

So langsam spürte ich die angeheizte Stimmung auf dem Boot sehr deutlich. Besonders, da Jack und Jorma sich immer wieder auf Schwedisch laut stritten. Ich lag gerade in meiner Kabine und versuchte, etwas Schlaf zu finden, als es aus dem Wohnraum immer lauter wurde. Die beiden kabbelten sich erneut. Aber diesmal so sehr, dass Jorma sogar handgreiflich wurde. Er versuchte, Jack eine zu verpassen, aber Jack wehrte den Schlag geschickt ab und Jorma fiel mit einem lauten Rums zu Boden. Nun hörte ich die erhobene Stimme vom Captain, der versuchte, die beiden zu beruhigen.

Wir alle sehnten uns nach Land und etwas Abstand voneinander. Es war schwer und anstrengend für alle. Die Probleme, die nicht weniger wurden, sondern sich von Tag zu Tag eher verdoppelten, nagten an uns. Captain Silver seufzte, und man konnte ihm ansehen, dass er wegen all der neuen und bestehenden Probleme seines Bootes nicht sehr zufrieden war. Die Reparaturen würden einiges kosten und viel Zeit in Anspruch nehmen.

Ich saß vorne am Bug des Schiffes. Die Sonne war bereits untergegangen. Bald würde der 23. Tag auf See für uns anfangen. Es war ein kühler, leicht bewölkter Abend, als Jack hinter mir anfing, mit lauter Stimme in meine Richtung zu schreien:

»Felix!!! Schau dort! Dort ist Land! Dort sind Lichter!« Und er zeigte auf ein entferntes Funkeln.

Mit zusammengekniffenen Augen konnte ich die Lichter gerade so, etwas links von unserem Schiff, auch erkennen. Es waren die Nachtlichter von Barbados. Wir hatten es geschafft! Nicht mehr lange, vielleicht noch einen Tag, je nach Wind, und dann würden auch die Lichter von Martinique erscheinen. Und wir würden zum ersten Mal einen Fuß auf unser so lange ersehntes Ziel setzen können.

Diese Nachricht erfreute alle. Kurz überlegte der Captain sogar, hier auf Barbados an Land zu gehen. Diese Überlegung jedoch ließ er schnell wieder ruhen, da für uns Martinique als Einreiseziel deutlich einfacher war, da die Insel zu Frankreich, also zur EU gehörte, wo wir nicht einmal einen Stempel in unseren Pässen benötigten.

Wie erwartet erspähten wir Martinique an unserem 23. Segeltag. Es war bereits später Nachmittag und die Sonne begann, ihren Weg Richtung Horizont. Wir konnten die Insel schon gut vor uns sehen und besprachen unsere Taktik, wie wir die Segel herunternehmen wollten. Über uns erstreckten sich dunkle Wolken und es fing mit schmalen Tropfen leicht zu regnen an. Ich zog mir meine Regenjacke, meine festen Schuhe und Handschuhe an. Rahim und Jack ebenso, und wir stapften raus in die nasse Nieselregenfront. Die orange glänzenden Sonnenstrahlen spalteten die kleinen Regentropfen auf, und vor uns ergab sich der atemberaubendste Regenbogen, den ich je in meinem Leben sehen durfte. Es sah aus, als würde er die Insel Martinique einrahmen. Mit diesem unfassbar großen Naturschauspiel vor Augen versuchten wir, die Segel einzurollen.

Es würde noch eine Herausforderung werden, fast ganz oben am Genua hatte sich ein Metallstück gelöst und könnte das Einrollen behindern. Jorma sollte wieder ans Steuerrad, ich und Rahim bedienten wieder Sheets hinten bei den beiden Kurbeln am Heck des Schiffes. Der Captain ging mit Jack vorne an den Bug; sie versuchten beim Einrollen zu helfen und die Rolle per Hand zu drehen. Jorma versuchte, den Motor zu starten und – zum Glück – beim dritten Startversuch fing dieser an zu knattern.

Immer wieder versuchten wir, das Genua einzuholen Es verhakte sich jedes Mal an der gleichen Stelle. So langsam kamen wir in flachere Gewässer, wo auf unserer Karte gefährliche Riffe eingezeichnet waren.

Wenn wir das Segel nicht bergen konnten, würde es schlecht für uns aussehen, also änderten wir die Strategie. Jorma lenkte das Schiff genau in Richtung des Windes. Das Genua begann, furchtbar stark hin- und herzuflattern. Die beiden vorne mussten sehr gut aufpassen, dass sie nicht von einem Ausschlag getroffen wurden. Aber auf das Kommando vom Captain hin, ließ Rahim das Sheet los und ich kurbelte, was das Zeug hielt, an der Furler-Line. Der Captain drehte vorne verzweifelt mit, so fest er nur konnte. Es klappte, das Genua war unten. Jetzt war nur noch das Hauptsegel einzuholen, das keine Probleme bereitete.

Inzwischen war es schon tiefschwarze Nacht, obwohl es gar nicht mal so spät war. In der Karibik geht das relativ schlagartig nach Sonnenuntergang. Innerhalb von Minuten wird es so stockfinster, dass man denkt, es wäre mitten in der Nacht. Wir verteilten uns auf dem Schiff, und Jorma steuerte langsam in die unbekannte Bucht ein, wo der Hafen von Le Marin liegen sollte. Links und rechts sahen wir Hunderte von weißen kleinen Lämpchen, die alle zu ankernden Schiffen gehörten. Unzählige Boote in allen Größen und Marken und aus aller Herren Länder. In ein paar von ihnen brannten Lichter in den Kabinen, andere sahen aus, als wäre dort seit Jahren keiner mehr gewesen. Langsam, aber sicher steuerte Jorma weiter in die Bucht.

Da wir nicht genau wussten wohin, legten wir an der Tankstelle an. Ich sprang auf den hölzernen Steg und befestigte mit einem inzwischen gekonnten Knoten die Leinen von unserem Boot an den Gliedern des Stegs. Erfreut sprangen alle auf den Steg und freuten sich darüber, wieder auf festem Land stehen zu können.

Wir waren ungewaschen, sahen zerzaust und müde aus, waren aber doch erleichtert, endlich angekommen zu sein. Wenn man uns von außen betrachtete, sahen wir wohl aus wie ein Haufen unzivilisierter Rabauken. Unrasiert, stinkend, mit dreckigen Klamotten, aber mit solch einem großen Lachen im Gesicht schwankten wir wie Jack Sparrow Richtung Hafen.

Wir schauten uns um und entdeckten rechts in der Gasse eine Hafenkneipe. Die Stühle waren bereits auf den Tischen verstaut, aber ich konnte noch eine junge Dame, die schon aufräumte, erspähen.

»Ich brauch' jetzt was zu trinken. Nach so einer Überfahrt!«, sagte der Captain und klopfte an der Tür. Charmant wie er doch war, durften wir doch noch etwas zu trinken bestellen. Als wir von unserer Ankunft berichteten, spendierte uns die junge Dame glatt noch einen Rum, mit dem wir auf unsere chaotische, aber doch gelungene Überfahrt anstießen.

»Auf uns!«, rief Captain Silver und die Gläser klirrten.

Wir hatten es geschafft! Es war kein Traum mehr, sondern ein erfüllter Traum von mir. Wir waren drüben auf der anderen Seite des Atlantiks und das allein nur mit der Kraft des Windes.

Egal wie viele Probleme wir hatten, diese Menschen, Captain Silver, Jorma, Jack, Rahim und Fleur, sie werden immer Teil meines Lebens sein, und dafür bin ich mehr als nur dankbar!

Noch nie hatte ich mit Menschen so viel Zeit am Stück auf solch engem Raum verbracht. Sie haben mir viel beigebracht, die Augen geöffnet, jeder einzelne auf eine andere Art und Weise.

Wir haben gelacht, gestritten, gearbeitet und zusammengehalten. Dadurch hatten wir das Abenteuer unseres Lebens! Ich werde diese Reise niemals vergessen und ersehne den Moment, wenn ich dieses Buch meinen Kindern und Enkeln zeigen darf, einen Moment, auf den ich mich jetzt schon sehr freue.

Vielleicht werden sie mit den Augen rollen und fragen:

»Was für eine Story hast du denn da schon wieder?«

Und darauf werde ich antworten:

»Es ist die Geschichte einer Atlantiküberquerung.

MEINER Atlantiküberquerung!«

Martinique
Karibik

Altrich
Gibraltar
Gran
Canaria
Mindelo

"My Mama always said you´ve got to put the past behind you,

before you can move on"

Forest Gump

I think that's what my writing was all about.

I am ready for new adventures!

Die Worte sind geschrieben.

Ich habe sie erlebt.

Dafür bin ich dankbar!

Aber nun ist mir klar:

Es sind die Momente, die wir nicht in Worte fassen
können,

die das Leben lebenswert machen.

Vielen Dank für das Lesen meiner Geschichte!

Danke an all die Menschen, die mich auf meiner
Abenteuerreise begleitet haben. Sei es vor oder nach
meiner Atlantiküberfahrt:

Travellers, Sailers, Drivers, Friends.

Danke an die Menschen und Momente, die mich
zum Lachen gebracht haben. Davon gab es sehr
viele.

Danke an die Momente, die mich zum Weinen und
Verzweifeln gebracht haben.

Danke an die Menschen, die mir bei diesen Momenten und diesen Zeilen geholfen haben:

Inspiratoren, Sinngeber, Rechtschreibprofis und
Felsen in der Brandung.

DANKE !

Besonderer Dank an:

Fleur
Captain Silver
Jorma
Jack
Rahim
Jonny
Ihme
Varia
Thommes
Julia
Marie
Lissy
Vincente
Reike
Mie
Scott
Kim
Matt
Luise
Johanna
Ljuba
Glenn